自在化身体論

超感覚・超身体・変身・分身・合体が織りなす人類の未来

THEORY OF JIZAI-BODY

THEORY OF JIZAI-BODY

自在化身体論

MASAHIKO INAMI

はじめに

稲見昌彦

2020年は世界が大きく変わった年として記憶されそうです。新型コロナウイルスの世界的な流行で、働き方や暮らしの常識は豹変しました。インターネットを介したリモート会議はあっという間に市民権を得、ニュース記事には各国首脳が握手の代わりに肘を突き合わせて挨拶する写真が踊っています。ニューノーマル（新常態）、ポストコロナといった言葉がささやかれ、新しい未来像を予測する言説は後を断ちません。我々の行く手には一体どのような社会が待っているのでしょうか。

100年前の1920年にも世界は変革の節目にありました。「スペイン風邪」と呼ばれたインフルエンザの第3波が依然として猛威を振るう中、2年前に終結した第一次世界大戦後の世界秩序を律するベルサイユ条約が発効した年です。世界は新しい時代に向けてスタートを切り、その後何が起きたのかはご存じの通りです。

第二次世界大戦というさらなる悲劇はあったものの、社会は安定し、人々の寿命は伸び、生活は桁違いに豊かになりました。文明の進歩を牽引したのが、各種の産業の発展です。この100年で自動車や航空機といった移動・輸送手段、化学プラントや製造機械などの生産手段、コンピュータやインターネットがもたらした情報通信手段が、次々に世界の隅々まで行き渡りました。

これらの産業の興隆を総括すると、人々を「脱身体化」する動きだったといえます。もともと人間の肉体が担っていた労働を機械に置き換えていくことが、工業化のそもそもの目的でした。数々の機械の登場は、身体を酷使する苦役から人間を解放しました。さらには20世紀後半に台頭した情報通信技術が、人々の思考やコミュニケーションを肉体の制約から切り離します。新型コロナウイルスの蔓延に情報技術の進歩が間に合ったからこそ、場所や時間を問わない働き方が普通になったともいえます。

ただし今回のパンデミックは、行き過ぎた脱肉体化の弊害も浮き彫りにしました。一日中部屋にこもって仕事をする閉塞感は、ネットを介した触れ合いがあっても、時として人の心を蝕みます。友人との飲み会がZoom経由だけではやっぱり味気ありません。たまには顔を突き合わせ、直接会いたくなるのが人間です。人の心は肉体と不可分であり、身体を置き去りにした情報通信技術のままでは、個人や社会の存在の根幹に不協和音を響かせかねません。

それでも時計の針は逆には戻りませんし、戻す必要もないでしょう。脱肉体化の100年を経た我々は、情報通信技術が日常の隅々まで根を張った時代に、どのような身体がふさわしいのかを見いだすことで、困難を乗り越えられるはずです。それを試みる研究こそ、私が率いる「稲見自在化身体プロジェクト」に他なりません。[*1] 文部科学省傘下の科学技術振興機構（JST）が戦略的創造研究推進事業（ERATO）の一環として推進するプロジェクトで、2017年10月から2023年3月までの5年間で将来につながる知見の獲得を目指します。

プロジェクト名にある「自在化身体」が、我々が考えるこれからの身体像です。高度に情報化された日常の先に人々が見出す新しい身体は、生まれもつ自身の肉体だけに限りません。我が意のままに振る舞うロボットや、情報通信が織り成すバーチャル世界のアバター。あるときは複数の身体のチームを同時に操り、別の場面では大勢の仲間と1つの身体をシェアする。人々は物理空間とバーチャル空間を縦横無尽に行き来しながら、幾多の身体を自らのものとして自由自在に使い分けることが可能になるのです。

本書は、このプロジェクトを支える各研究グループのリーダーたちが、自身の研究の原点から、自在化身体プロジェクトを通して追求する将来像まで、存分に語ったものです。「4本腕の人物」や「手と足しかないアバター」などの不可思議な身体、「デジタルサイボーグ」や「身体を消した後に残る自分」といった異色の概念も登場します。

自在化身体はいまだ揺籃《ようらん》期《き》にあり、これらのアイデアがそのままの形で世に出るとは限りません。

---

*1 稲見自在化身体プロジェクト、
https://www.jst.go.jp/erato/inami/

しかし、プロジェクトの研究が明らかにする自在化身体の原理・原則は、技術の進展が人間にもたらす新しい身体の土台にきっとなります。自らドローンと化して大空に飛び立つとき。家族が一心同体となって冒険に乗り出すとき。いくつもの会議に同時に臨席し、流れるように仕事をこなしているとき。そのどれもが自分の身体を張った体験だと確信できたら、そこには我々の研究成果が息づいているはずです。

自在化身体プロジェクトに限らず、関連する技術の研究開発は国内外で加速しています。日本政府が合計１０００億円規模の予算を投じる「ムーンショット型研究開発制度」では、第一の目標として「人が身体、脳、空間、時間の制約から解放された社会を実現」を掲げました。[*2] ２０２０年９月18日にプロジェクトマネージャーが選定され、すでに研究が始まっています。海外でも、ロボット関連の権威ある国際会議「ＩＲＯＳ」において、２０１９年から「人体に加えるロボット手足(Supernumerary Robotic Limbs)」のワークショップが始動。[*3] ２０２０年には開催規模が拡大するなど、[*4] 研究者の議論や交流が盛り上がってきました。

自在化身体プロジェクトが始まった当初、我々のビジョンが実現するのは２０３０年ないしは２０５０年といった遠い先ではないかと考えていました。我々自身がＳＦのような発想だと感じていたのです。今は違います。ひょっとしたら5年ほどの短期間で、自在化身体と呼べる具体的な事例が世に出るかもしれません。技術開発が加速していることに加えて、世界中の人々の意識が一挙に転換したからです。

本当に世の中を変えるには、技術だけでは足りません。人々の関心を同じ方角に揃え、意欲を奮い立たせるムーブメントが必要です。かつて東海道新幹線は、５００㎞以上ある東京・大阪間を世界最高速（当時）の時速２１０㎞でつなぐサービスを、着工からわずか5年で開始しました。１９６４年の東京オリンピックという一大目標が、困難なチャレンジへ人々を駆り立てる原動力になったのです。

今回のコロナ禍は期せずして世の中を自在化身体が活躍する方向へ、弾みをつけて送り出しました。テレワークの広がりやコロナ禍で普及したテレビゲームの人気は、ほんの序の口にすぎません。その先には、自分の身体という束縛から人類を解き放つ、途方もない可能性が広がっているのです。

自在化身体が切り開く、めくるめく未来へようこそ。

２０２０年12月

稲見昌彦

＊2 ムーンショット型研究開発制度、https://www8.cao.go.jp/cstp/moonshot/index.html

＊3 2019 IROS Workshop on Supernumerary Robotic Limbs, http://darbelofflab.mit.edu/2019-iros-workshop/

＊4 IROS 2020 Workshop on Wearable SuperLimbs, http://darbelofflab.mit.edu/iros-2020-workshop-on-wearable-superlimbs/

自在化身体論

超感覚・超身体・変身・分身・合体が織りなす人類の未来

目次

1

稲見 昌彦

変身・分身・合体まで

自在化身体が作る人類の未来

Masahiko INAMI

東京大学 総長補佐・先端科学技術研究センター 身体情報学分野 教授 博士(工学)

日本学術会議 連携会員

一般社団法人 超人スポーツ協会 代表理事

JST ERATO稲見自在化身体プロジェクト 研究総括

運動が苦手な子供にとって、自分の身体ほど理不尽なものはありません。言われた通りにやっているつもりが、どうしてもうまくいかなかったり、今度こそと張り切ってみると、ますますできなくなったりするのです。紛れもなく自分の身体なのに、どうして思うように動かせないのでしょうか。私自身、そう感じる子供の1人でした。小さいころから身体に縛られている感覚が付きまとい、「もっとうまく身体を動かせたら」という気持ちがいつも頭の片隅にありました。

そんな自分を励ましてくれたのは『ドラえもん』のひみつ道具です。空を飛び、時空を超えて活躍する「のび太」たちの姿は、ままならない身体に縛られた心を解き放ってくれました。もちろん現実がドラえもんの世界に追いつくのはまだまだ先です。私も小学4年生になるころには、ドラえもんが机の引き出しから出てくる日は、そう簡単には来ないことを悟っていました。

成長した私に新たな世界の扉を開いたのが、1984年に開催されたロサンゼルスオリンピックの開幕式です。「ジェットパック」を背負った男性が聖火台のもとから飛び立ち、スタジアムを埋めた観衆の前に広がる広大な空間を横切って、トラックの上に見事に降り立つパフォーマンスが披露されたのです。現実の人間が自由に宙を舞う映像に私は衝撃を受けました。空を飛べる身体という夢でしかなかった存在が、現実になりうることを目の前に突きつけられたからです。夢想を現実にした鍵こそがテクノロジーでした。想像のおもむくままに人の能力を拡張することが、テクノロジーにはできる。このとき感じた興奮が、現在の私の研究につながる原体験といえます。

キーワードは「自在化」

私が今手掛けている研究は、「自在化」というキーワードでまとめることができます。この言葉が含む奥深い意味はおいおい紹介するとして、ひとまず「機械によって拡張された能力を、人が自由自在に扱えること」といった風に考えてください。

現在、自在化技術の研究で中心的な役割を果たすのが、「稲見自在化身体プロジェクト」です。文部科学省傘下の科学技術振興機構（JST）が様々な分野の基礎研究を支援する「ERATO」プログラムの一環として、2023年3月までの5年間で研究を進めています。プロジェクトには、私（稲見）の研究室を含めた複数の研究室が参加し、それぞれの担当領域で新しい技術を開発しているところです。

多くの関連研究のうち、一番「インスタ映え」するのは東京大学と慶應義塾大学が共同で開発した「MetaLimbs（メタリム）」でしょうか。あたかもユーザーの腕が4本に増えたかのようにして、自由自在な作業を可能にするシステムです。種を明かせば、ユーザーの脚の動きを検出する仕掛けがあって、それに応じて第3、第4の腕を操作します。

MetaLimbsは、2017年に開かれたコンピュータグラフィックス（CG）の国際会議「SIGGRAPH（シーグラフ）」で「Best in Show（最優秀デモ賞）」を受賞するなど、大きな反響を呼

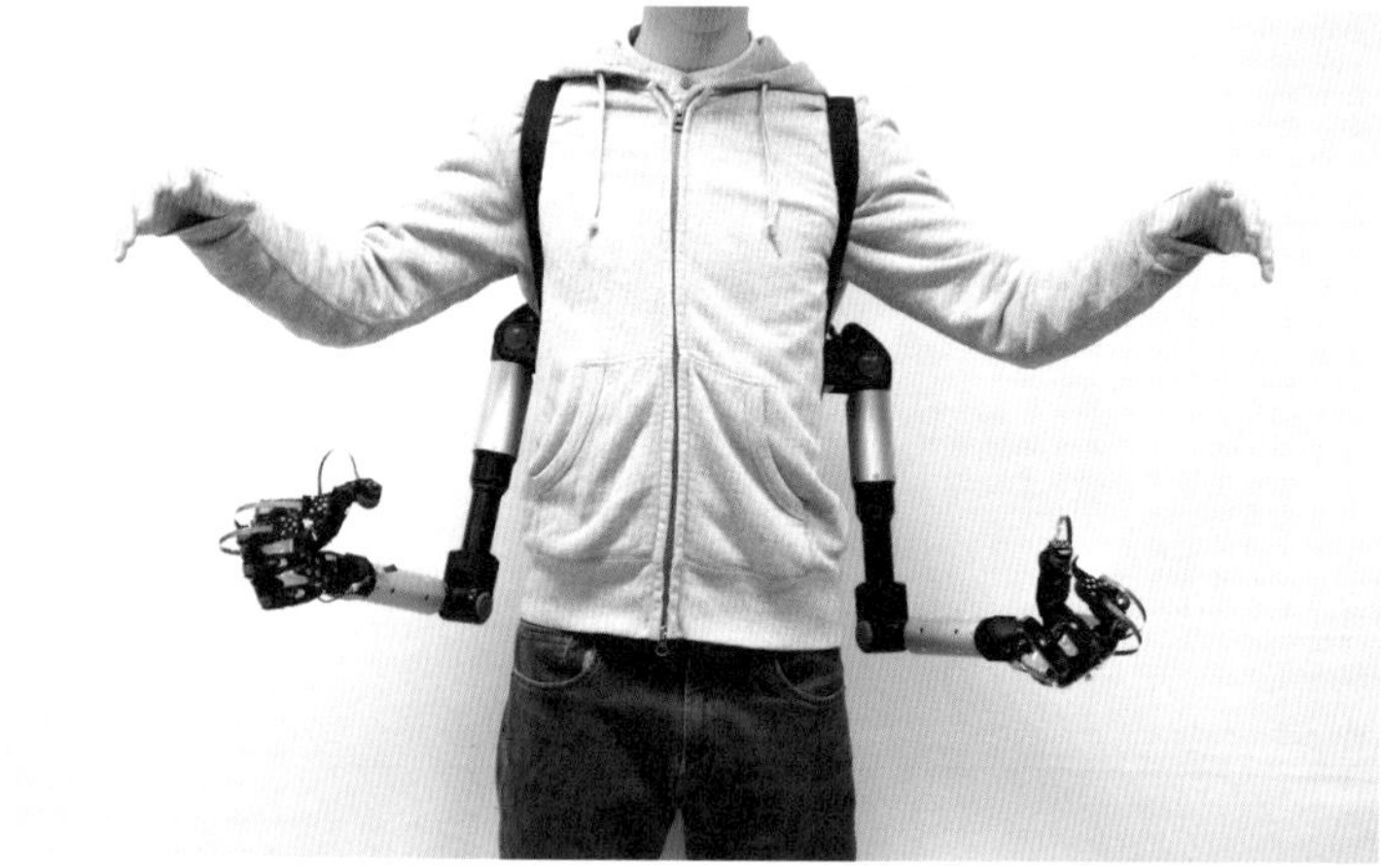

Fig 1　人の腕を増やせる「MetaLimbs（メタリム）」

びました。そのためか、自在化身体プロジェクトについて読んだり聞いたりしたことがある方には、ロボットの研究が中心と思われてしまいがちです。

実際にはロボットは自在化を実現する手段の1つでしかありません。自在化には、ロボットアームのような物理的な方法に加えて、ユーザーの代わりに活動するCGアバターなどバーチャルな手段も利用します。自在化技術が活躍する場は、物理的な空間のみならず、インターネットをはじめとした情報空間も含むからです。物理的な環境を相手にする場合はロボットなど物理的な手段を、情報空間に働きかける際にはアバターやCGの腕などバーチャルな手段を使うわけです。また、物理空間と情報空間を自由に行き来することも、自在化の一種といえます。

自分自身の能力を拡張

様々な物理的・情報的な手段を使って、稲見自在化身体プロジェクトは、人間の能力の拡張を目指します。ポイントは、ユーザーが単に新しいことができるようになるだけでなく、自分自身の能力が高まったように感じることです。

このことは、「自動」と「自在」の違いとして説明できます。例えば、未来の移動手段として「ロボットタクシー」と「タケコプター」の2種類を考えてもらうとわかりやすいかもしれません。前者が自動、後者が自在に当たります。ロボットタクシーは、人のドライバーがいなくても自動運転で望みの場所に連れていってくれます。一方のタケコプターも、ユーザーは運転せずとも目的地に直行できます。「行きたい場所に行く」というゴールは2つの手段で同じです。それでも、ユーザーの感じ方には大きな違いがあることがおわかりいただけると思います。自在化が目指すのは、あたかもタケコプターのように、人に空を飛ぶ能力を授ける技術なのです。

技術の力を使って人の能力を高める研究分野は、「人間拡張（Human Augmentation）」[*1]とも呼ばれます。人間拡張の技術は、自在化の重要なパーツの1つです。ただし、自在化＝人間拡張ではあり

*1 VR／ARやAI、ロボット技術を駆使して人間が元々持っている能力を強化・拡張する技術。

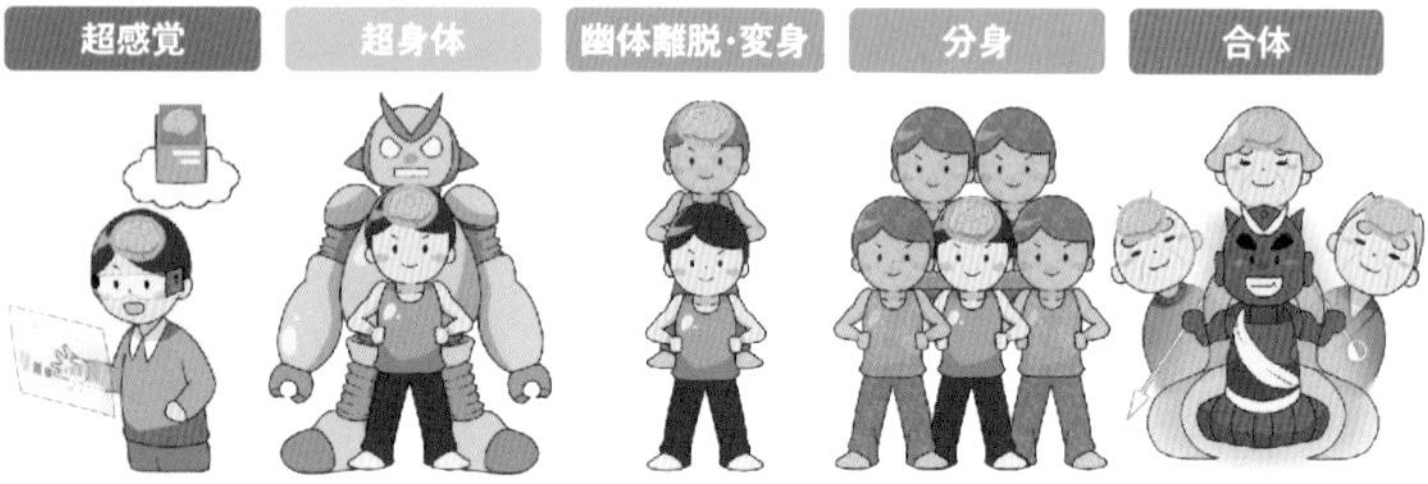

Fig 2　自在化身体の５つの研究テーマ

ません。自在化には、人間拡張とは異なる広がりがあります。

このことは、稲見自在化身体プロジェクトのテーマ設定にも現れています。プロジェクトを構成するのは、次の５つの研究テーマです。

①　感覚の強化（超感覚）
②　物理身体の強化（超身体）
③　心と身体を分離して設計（幽体離脱・変身）
④　分身
⑤　合体

これらのうち①と②は、人間拡張の研究の一環といっていいかもしれません。超人的な感覚や身体能力の達成が目標です。これらの技術は、人が自在に扱える能力のレパートリーを揃えます。

自在化を達成する上での核になる発想の１つが③です。子供のころの私が感じたように、自分の身体に違和感があるのであれば、いったん心と身体を切り離して考えようということです（「幽体離脱」）。両者を分離して設計できる技術があれば、誰もが「変身」して理想の身体を手に入れることができます。

その先に現れるのが④や⑤です。心と身体を分けて扱えるようになると、1人でいくつもの身体を使い分けたり（「分身」）、何人もが協力して1つの身体を操ったり（「合体」）する手段が登場し得ます。そこで使う身体はロボットやバーチャルなキャラクターかもしれませんし、人型をしている必要さえありません。「心」の側も人だけに限らず、人工知能（AI）に出番が回る可能性があります。

分身と合体の技術こそが、プロジェクトの中でも最も野心的な研究領域だと思っています。ほとんどの研究者がまだ試したことがないテーマかもしれません。分身や合体の技術が実現すれば、人々が限られた人生の時間を何倍も有意義に使い、かつてないコラボレーションやコミュニケーションを楽しむ未来につながると期待しています。

Society 5.0 に向けて

研究テーマの①や②が扱うのは、MetaLimbs のように物理的に身体を拡張したり、バーチャルな空間で活躍するアバターを適切に設計したりする方法です。五感を拡張する「超感覚」の例には、私がかつて手掛けた「光学迷彩」の技術があります。人や物の表面に、背後にある景色の映像を投影することで、人や物があたかも透明になったかのように見せる技術です。「光学迷彩」はこの技術を自分の身をくらますために使う側の言葉ですが、見る側の技術として用いることで、人に透視の能力をもたらすことができます。

こうした人間拡張の技術は、人類がこれまで積み重ねてきた道具の歴史の延長線上にあります。自分の身体の限界を乗り越えるために、人間

Fig 3　人や物を透明に見せる「光学迷彩」

は身の回りの道具や生活空間を継続して進化させてきました。狩猟採集の時代には、狩りに必要な弓矢や石斧、暑さ・寒さを凌ぐ衣類など。定住が始まれば、水を溜めておく壺や家であったり、家具であったり。環境を変える技術も合わせて道具だと考えれば、道具の発明や改善を繰り返すことで、人間は文明を発展させてきたわけです。

人類が使いこなす道具のラインアップに最近加わった新たな顔ぶれが、スマートフォンなどの情報機器や、インターネットのような情報空間です。すでに人を取り囲む環境は物理空間にとどまらず、情報空間の存在感が日に日に高まっています。今では、いつでもどこでも世界の最新情報を簡単に調べられ、世界中の人々とコミュニケーションが可能になりました。ビジネスではもちろん、通常の生

活においてもパソコンやスマホに接する時間は大変長くなっています。老若男女あらゆる人にとって情報空間はもはや生活の一部です。今や現実世界は、物理空間と情報空間を合わせたものになりました。

こうした道具の系列の最先端に位置するのが、日本政府が提唱する「超スマート社会」です。「Society 5.0」という名称でも知られています。一言で表せば、「サイバー空間（仮想空間）とフィジカル空間（現実空間）を高度に融合させたシステムにより、経済発展と社会的課題の解決を両立する、人間中心の社会（Society）」（内閣府のWebサイトより）の実現を目指す構想です。

Society 5.0では、各種のセンサーやスマートデバイスがつながったIoT（Internet of Things）の技術などを使って、サイバー空間とフィジカル空間の融合を図ります。両者を別ものとして扱うのではなく、互いにスムーズに行き来したり、両者のいいとこ取りをしたりすることで、社会や生活をより豊かにしようというわけです。

ディジタルサイボーグの登場

我々のプロジェクトが手掛ける人間拡張の技術も、この構想の一環といえます。サイバー空間とフィジカル空間を縦横無尽に渡り歩き、超人的な能力を自由自在に操る人のことを、我々は「ディジタルサイボーグ」と呼んでいます。ディジタルサイボーグを実現する基盤技術の確立が、稲見自在化身体

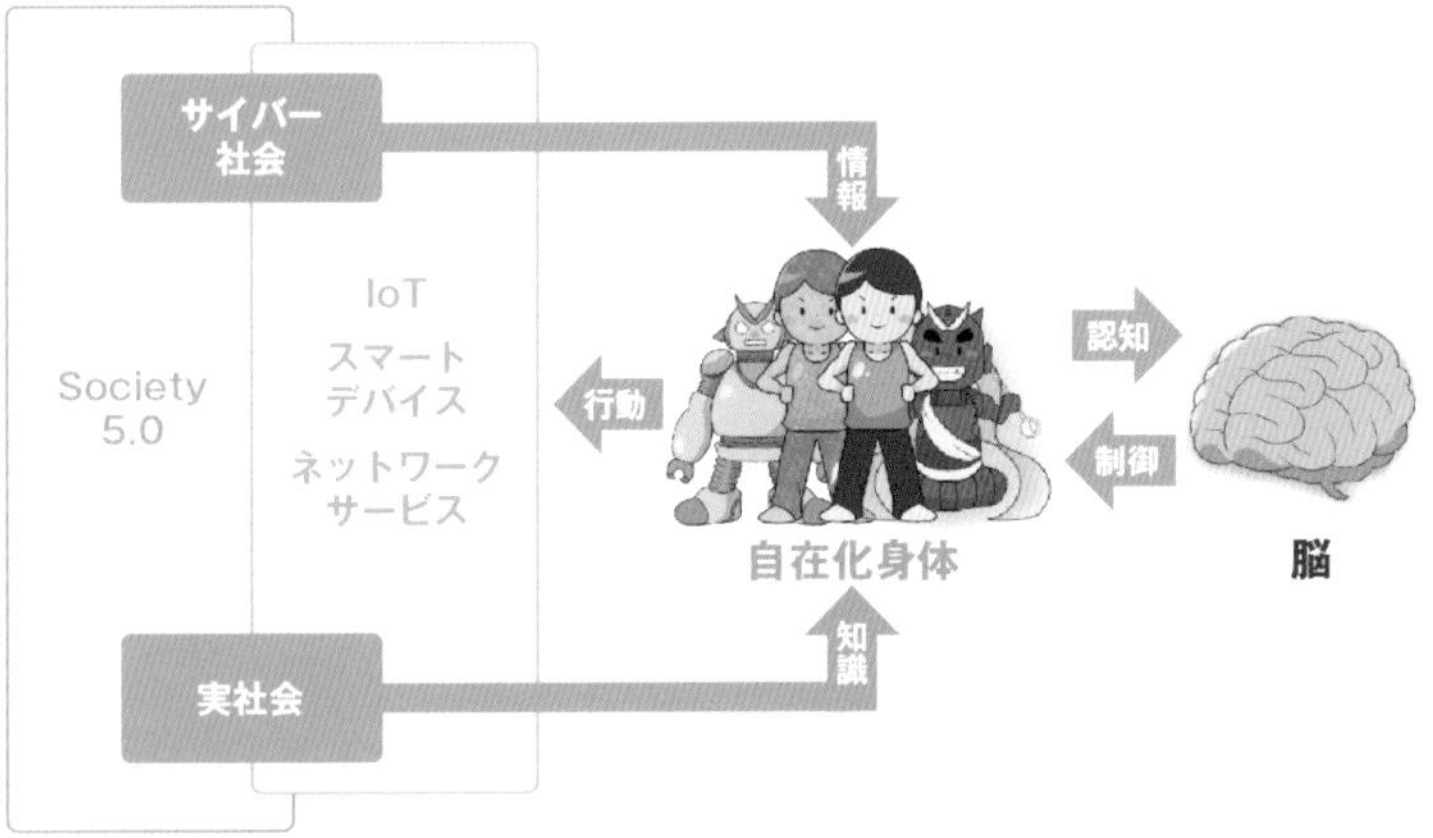

Fig 4　サイバー空間とフィジカル空間を股にかけて活動する「ディジタルサイボーグ」

プロジェクトのゴールの1つです。

かつてフランスの哲学者アンリ・ベルクソンは、人類の定義を次のように表現しました。「歴史時代および先史時代が人間や知性のつねにかわらぬ特徴として提示しているものだけに厳密にたよることにするならば、たぶん私たちはホモ・サピエンス（知性人）とは呼ばないでホモ・ファベル（工作人）と呼んだであろう」（『創造的進化』岩波書店、真方敬道訳）。人や知性の本質は、道具などの人工物を作って成長することだという主張です。

人類を道具によって進化するホモ・ファベルと見なすのであれば、ディジタルサイボーグはSociety 5.0 時代の人類像といえそうです。

道具が変える自分

では、技術によって拡張された能力を、人が自在に扱えるようにするには、どうすればいいのでしょうか。これを考えていくのが、③心と身体を分離して設計（幽体離脱・変身）の研究です。ここでは、いったん心と身体を別のものとして扱います（幽体離脱）。その上で、心にどうアプローチすれば、ロボットやバーチャルなアバターなどを自分の身体の一部であると感じさせることができるか（変身）を検討します。

そもそも人の心と身体の間には、往々にしてミスマッチが生じます。運動が不得手な子供として私が感じた気持ちはその一例です。先日、久しぶりに会った知人は以前とは性別が変わっていました。初めは驚きましたが、話をよく聞いてみると、本人にとっては今の性別の自分がすごく居心地がいいし、周囲にとっても自然な選択だったそうです。物理的な性別を変える例が増えてきたのは最近かもしれませんが、心の性別と身体の性別が異なる人は以前から珍しくなかったはずです。

心と身体のギャップを埋める「変身」の手段を、人は道具に求めてきました。身近な例は化粧品やファッションです。コスメやコーデの力を借りて、見た目の印象や体型を自在に変えたりするわけです。タトゥー（刺青）も変身の一種かも知れません。あたかも「耳無し芳一」のように魔除けの意味を持たせる人や、故人を偲ぶ気持ちをタトゥーにしている人も結構いると聞きます。

クルマにいろいろなデコレーションを施す人にも、同様な想いが感じられます。もともとクルマは身体性が高く、個人のアイデンティティを反映しやすい乗り物です。クルマの選び方は、自身の身体性と深く関係しています。

ロボットに合わせて整形

これらの手段は物理的ですが、そこに現れているのは「自分はこうありたい」という心の願望といえます。いわば、物理的な道具の上で、情報的な自分の存在意味を拡張しているわけです。

一方で、物理的あるいはバーチャルな道具が人の心を変えていく、逆方向の効果もあります。例えば、排気音の激しいクルマに乗ると気性が荒くなるといった塩梅です。

バーチャルな空間の中で、3次元CGのアバターを介してユーザー同士が交流するアバターチャットでは、年配の男性が少女のアバターを使うことがあります。最初はアバターの見栄えと不釣り合いだった行動が、しばらく利用を続けるうちに、可愛らしい仕草など女性を感じさせる振る舞いに変わっていくそうです。バーチャルな世界での行動が、男性の心を女性に近づけていくのでしょう。

人間そっくりのロボット「ジェミノイド」の開発で有名な大阪大学の石黒浩教授[*2]は、年齢を重ねて変わった自分の見た目を、過去の自分に似せたジェミノイドの外観に合わせるために、レーザーや注射による美容整形をしたそうです。自らの肉体よりも人工の身体の方がアイデンティティの拠り所になった例といえるのかもしれません。

道具の利用によって、心が捉える身体像が変わることは脳神経科学の成果からも明らかです。人ではなくサルを対象にした研究ですが、道具を使い慣れた後には、身体感覚が道具の先まで延長されることが実験から示唆されています。

自在化身体はすでにここにある

以上の事例は、心が自分の身体だと感じる範囲は肉体の枠を超えて広がることができ、しかもそれは日常的でありふれた現象であることを示しています。プロジェクトの名前にある「自在化身体」とは、大雑把にいえばこの現象を、工学的に設計可能にしようということです。

人間拡張学などを手掛ける東京大学の暦本純一教授[*3]は、SF作家のウィリアム・ギブスンの言葉を引用して「未来は既にここにある。ただ均等に行き渡っていないだけである（The future is already here – it's just not evenly distributed）」と述べています。私は「自在化身体はすでに

*2 大阪大学教授、国際電気通信基礎技術研究所石黒浩特別研究所所長。知能情報学を専門とするロボット研究者。特に二足歩行ロボットや外見や動作が人間に酷似するアンドロイド（ジェミノイド）の開発で世界的に著名。

*3 東京大学大学院情報学環教授、ソニーコンピュータサイエンス研究所副所長。実世界指向インタフェース、ヒューマン・オーグメンテーション研究の第一人者。またコンピューターと人間の能力をつなぎ、共有するというアイデア IoA（Internet of Ability）の提唱者。

ここにある。ただ均等に行き渡っていないだけである」といってしまおうと思います。すなわち、自在化身体を工学的に設計するヒントは、日常生活の隅々に埋もれているはずなのです。

変わらない原理原則を確立

自在化身体を実現する前提の1つは、人が心に抱く身体像の可塑性（プラスティシティ）です。ここまで説明してきたように、身体像はしばしば実際の肉体をはみ出して人工物まで広がります。こうした身体像の形成は、情報によってある程度操作できると考えています。

そもそも人の心自体が、太古から情報に強く影響されてきました。昔も今も人々の行動は、文化や社会の規範に従って形作られた心に基づいています。有り体にいえば、人は子供のころから「あなたはこのように振る舞いなさい」「こうあるべきです」などと情報的に刷り込まれた存在なのです。

情報空間が発達した現在では、この傾向はますます強まっています。今の子供たちは、小学生のころからSNSでブロックされたりバズったりなど、ネットの世界で痛い目に遭ったり挫折したりを繰り返しながら成長していきます。かつては物理的な世界だけだったトライアル・アンド・エラーの体験が情報空間にも広がり、人々の身体の情報的な輪郭を作り上げるようになりました。

ただし人の身体像は、自由自在に形作れるわけではありません。そこには何らかの制約や振る舞い方の原理・原則があると思われます。それは恐らく、心を容れる器といえる人の肉体の特性に依存するはずです。しかも物理的・生理的な人の肉体は、短時間で大きくは変わりません。生物学上の人間は「ホモサピエンス」という種であり、何万年も前から存在しています。肉体の基本的な特性は当時と似たり寄ったりでしょう。

このことが意味するのは、自在化身体を設計する原理・原則ができれば、10年後も20年後も変わらない指針になりうるということです。今後、情報やロボットの技術がどんなに発達したとしても、人間の肉体的・生理的特性が変容しない限り、今回のプロジェクトで得られた知見は通用することになります。我々の研究テーマに、国のプロジェクトとして取り組む価値があると考えた根拠がこれです。

ロボットなどの物理的な身体や、バーチャルなアバターといった情報的な身体を、統一的に扱う自在化技術は可能なのか。環境の認知など生得的に限られた人間の特性を前提にすると、どのような基盤技術が必要になるのか。拡張した身体を使いこなすためのショートカットや、得られたスキルを広範囲に応用する手段はあるか。

プロジェクトでは、こうした疑問に応える原理・原則を探っています。日常生活や先行事例から掘り起こした知見を整理・体系化し、現実の問題に適用できるエンジニアリング手法として確立していくつもりです。

自在化の本当の意味

ここで、設計指針の基礎となる「自在化」の意味について改めて考えてみたいと思います。自在化という言葉を使い始めたころ、私は今とは違うイメージを抱いていました。先述した身体像のプラスティシティを利用して人が意識する身体を拡大し、ロボットなどの人工物を自由自在に操れることが自在化だという考えです。この見方は間違いではありませんが、必ずしも正鵠《せいこく》を射ていません。

例えば以前は「自在」は「自動」と対立する概念だと思っていました。今ではその代わりに、両者は一部が重なった関係にあると捉えています。実は、自在を実現するためには多くの場合で自動が必要です。一方で、自在ではない自動があったりもします。

このニュアンスを掴んでもらうために、思い出話を1つさせてください。私が現在の研究に取り組むきっかけとなった出来事です。修士課程の学生だったころ、東京大学先端科学技術研究センターの舘暲教授[*4]（現在は名誉教授）の研究室を見学し、テレイグジスタンスシステム「TELESAR（TELExistence Surrogate Anthropomorphic Robot）」と出会いました。このシステムを使うと、空間的に離れたロボットの中に自分の存在を送り込んだかのような感覚を体験できます。

TELESARを試した時に私は違和感を持ちました。操縦席に座ったおしりの感覚と、離れた場所のロボットに入り込んでいる感覚を同時に体験できることにです。遠隔に飛んで行った自分と、今ここで感じている自分が混在している状態で、私はいったいどちらにいるのか、わからなくなりました。

当時の私は、椅子に座ったリアルの自分はあたかも麻酔で眠るがごとく無感覚になり、感覚も意識も遠隔のVRの世界に完璧に飛んでゆくのが理想だと考えていました。物理世界のリアルな感覚と、遠隔地やバーチャル世界での感覚が混在している現状のシステムはちょっと残念だなと。

今振り返って考えると、これは決して残念なことではありません。TELESARを使うことで、自分は地点Aと地点Bに同時に存在できるといえるからです。しかも注意をどちらに振り向けるかで、自分の居場所を自由に切り替えることができます。TELESARの手を使って遠くの物を触っている時、自分の意識は遠隔のロボットの手に飛んでいます。その最中に、リアルの自分のおしりが痛くなったり肩を叩かれたりすると、自分の身体感覚は瞬時にそこに戻るわけです。

日常生活でも、同じような現象があります。本や映画に熱中（没入）している時、意識はまさに別世界に飛んでいます。「心ここにあらず」という言葉が表す通りです。もっとも物理世界では、心のありかを移せる場所は、現実と空想の世界に限られます。TELESARの経験が教えてくれるのは、

＊4　東京大学名誉教授、日本バーチャルリアリティ学会初代会長。1980年、世界で初めてテレイグジスタンスの概念を提唱、以来その実現のための研究開発を行う。その他盲導犬ロボット、再帰性投影技術、触原色、裸眼立体VRなどの独創的な研究で世界的に著名。

テクノロジーを使うことで、実際にあるいくつもの場所や情報空間の多地点の間であっても、自在に心を移動させられるということです。

自動と自在の役割分担

ここで、技術を使って2つの場所に同時に心を置くことができても、それぞれの場所で別々の作業をこなすのは普通の人には至難の技です。TELESARで遠くのものを掴むのと同時に、リアルな身体で誰かとチャットしたりするのはさすがに難しそうです。ここに自動化技術の役割があります。ユーザーの意識が後にした場所では、その行動を自動化技術が引き継げばいいわけです。

実は、人間の身体自体がそういう仕組みで動いています。人は、自動的（オートマティック）あるいは自律的（オートノマス）な無意識の行動を、普段からたくさん利用しています。何かを食べているときや歩いているときに、顎や足をどう動かしているのか意識している人はほとんどいないはずです。喉に何かがつかえたり、何かに躓いたりして初めて、意識が呼び覚まされます。

今では、物理世界の身体をオートマティックな制御に任せつつ、情報世界に心を遊ばせる芸当さえ当たり前になりました。「歩きスマホ」がまさにそれです。

かつて私は、一人の人物が複数の機械を同時に制御することは困難だと思っていました。最近になって考えを改めました。我々人間自体に、自動機械さながらの無意識の行動と、意識的な行動を自在に切り替える能力があることに気づいたからです。アクシデントが起きたときはもちろん、意識して注意を振り向けることでも、我々はオートマティックな行動から意識的な行動、いわば意識による「マニュアル操作」に自在に切り替えることができます。

言葉を替えれば、我々の身体の中には自動的・自律的に動作する「ロボット」がいるのです。最初は転んでばかりだった自転車にだんだん乗れるようになって、最後は意識しないで運転できるようになるのは、練習を繰り返すことで身体の中に「ロボット」を作り上げているからです。

怪我の後のリハビリなども同様です。身体の中のオートノマスな部分が壊れてすべてを「マニュアル操作」しなければならない状態から、訓練によりオートマティックに動ける能力を再び身に付ける行為がリハビリだといえます。こうしたプロセスで体内の「ロボット」を獲得し、意のままに使い分けられるようになることが「身体化」なのかもしれません。

我々が実現したいのは、人が物理的なロボットやバーチャルなアバターな

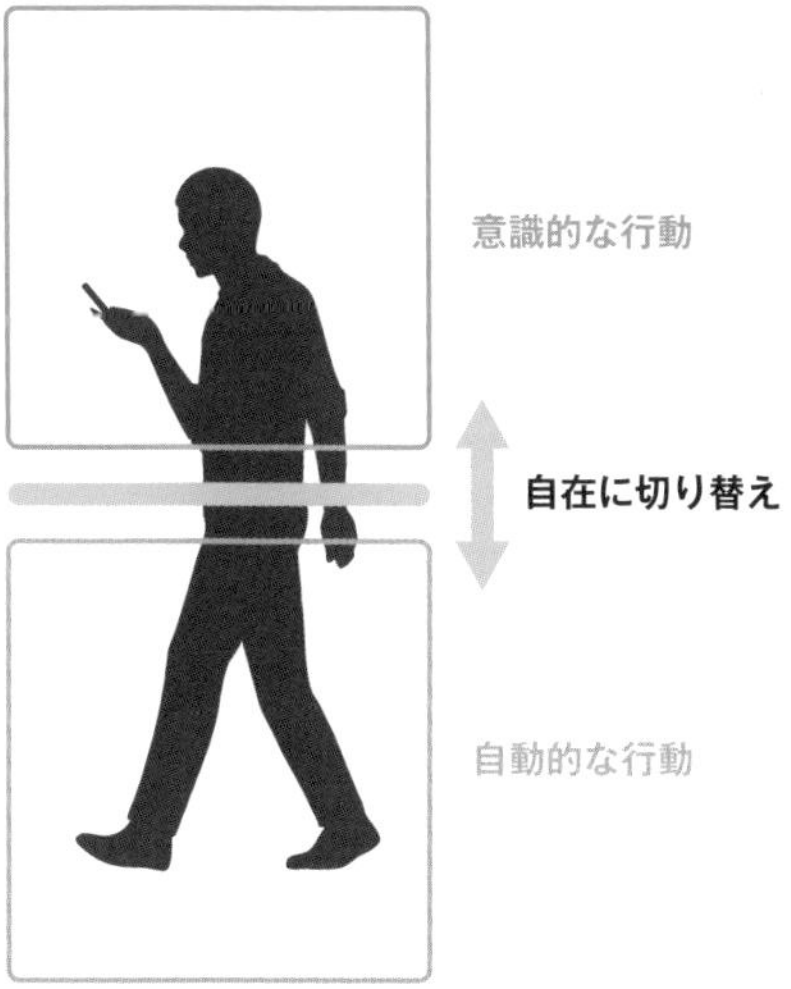

Fig 4.5 「歩きスマホ」をしているとき、人の身体は自動的に動いている。このような無意識の行動と意識的な行動の範囲を、人は自在に切り替えることができる。

どを、身体の中の「ロボット」と分け隔てなく使えるようにすることです。普段はこれらがオートマティックで動いていても、いざというときは自分の意識をフォーカスすれば、「マニュアル操作」に即座に切り替えられるようにするわけです。

例えば「歩きスマホ」で情報空間に没入しているユーザーが、実は歩く代わりに自動走行する電動キックボードに乗っているイメージです。ユーザーが途中で忘れ物を思い出したら、すぐさまキックボードの制御に注意が移り、大急ぎで家まで取って返せます。キックボードの針路が決まったら、ユーザーは再び情報空間に舞い戻り、アバターに任せていた作業を引き継げばいいのです。今回のプロジェクトが始まっていろいろな人と議論を深める中で、実はこうしたことこそ自在化の本質ではないかと考えるようになりました。

世界に偏在する意識も

自在化技術によって、無意識で自動的な行動と意識的な「マニュアル」行動を自由に切り替えられるようになれば、TELESARの例が示す通り、人は同時に異なる場所で活動可能になります。これを実現する鍵は、操作する側（心）と操作される側（身体）の間に情報空間を挟むことです。情報空間を介して、人の心を別の物理空間にあるロボットやバーチャル環境のアバターとつなげ、ユーザーの意図に応じた制御主体の切り替えを情報空間内で実行するわけです。

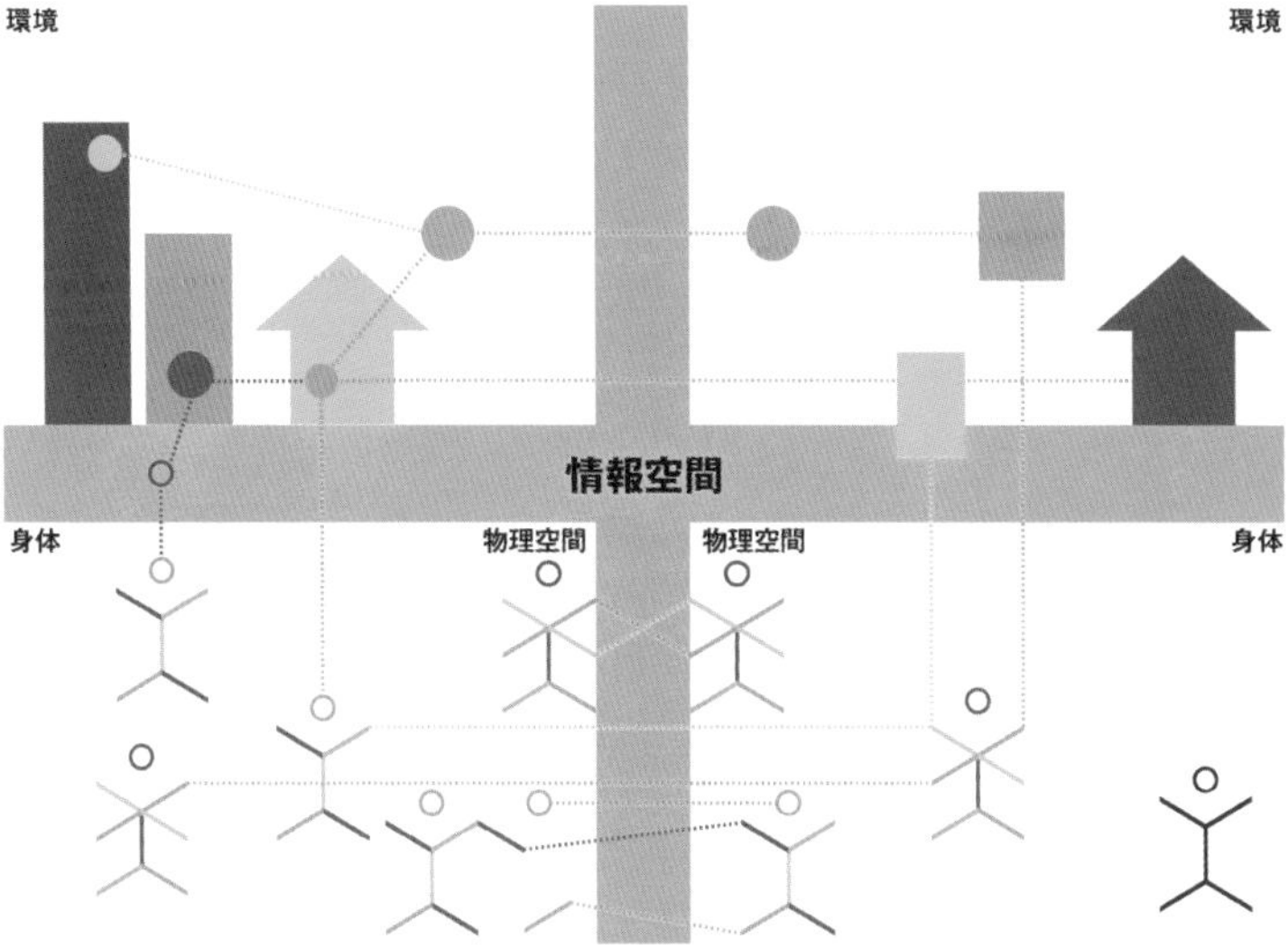

Fig 5　ある物理空間から情報空間を介して別の物理空間に働きかける

この状況を敷衍《ふえん》すると、1人の人が物理空間や情報空間のN箇所においてN個の身体を持つことがあり得ます。逆に、N人の人が1つの身体を共有する状況も想定できます。このような推論から生まれたのが、プロジェクトの研究テーマの④分身と⑤合体の発想です。

これまで人の心と身体、あるいは人と人が操る機械の間には、1対1に対応する不可分な関係がありました。自在化技術はこの関係の間に情報空間を差し挟み、両者をいったん切り離すことで、1人で複数の身体を操ったり、誰かに自分の身体を操作してもらったり、複数の人が1つの身体を操作したりできるようにします。以前はこうした状況をどうやって実装したらいいのかさえわかりませんでしたが、今はそれを実験的に検証できる道具立てが整ってきました。

情報空間を介した心と身体の関係には、従来の常識を超えた広がりや深みがあるはずです。遠隔地の間のコミュニケーション手段が、1対1で対話する電話からマルチユーザーのビデオ会議に進化したのと同様です。心と体の関係を自在に設計できるようになったとき、何ができて何ができないのか。どういう限界があって、どういう悪影響があるのか。哲学的な考察も含めて、こうした問いに答えていきます。

その先には「意識の偏在化」が見えてくる可能性があります。かつて米ゼロックス（Xerox）社パロアルト研究所（PARC・Palo Alto Research Center）[*5]のトップ研究者だったマーク・ワイザーは、無数のコンピュータが世界を取り巻く「ユビキタスコンピューティング（Ubiquitous Computing）」のビジョンを提示し、スマホやタブレット、スマートウォッチなどであふれる現代を予見しました。「ユビキタス」とは「あまねく存在する（omnipresence）」という意味で、神の存在を暗示する単語です。

自在化技術が発展すれば、自分の意識をユビキタス、すなわちありとあらゆる場所に偏在させることさえ可能になるかもしれません。この意味で自在化技術は、大袈裟にいえば神を具現化する手段になり得ます。

11人を1人で操る

分身や合体の概念はわかってもらえたとしても、これらを現実世界で実現することは本当に可能なのでしょうか。単なる理念を並べただけの「絵に描いた餅」に終わらないでしょうか。

実は、分身技術の有望性を予感させる先例は既にあります。例えば「ウイニングイレブン（ウイイレ）」というビデオゲームです。コナミデジタルエンタテインメントが販売する対戦型のサッカーゲームで、ユーザーは11人の選手を1人で操って相手とゴールを競います。

ユーザーが味方の11人を1人ですべて操作するのはさすがに無理です。このゲームはそこをうまくデザインすることで、チーム全体を自由に操っている感覚をユーザーに与えることに成功しています。具体的には、チームが攻勢か守勢かやボールの位置を起点として、ユーザーが操作するプレーヤーをシステムが自動的に切り替えたり、ユーザー自身がマニュアルで指定したりします。その他の味方の選手や敵陣の11人の選手は、設定や状況に応じてコンピュータが自動で動かすわけです。

実際ゲームのプレーに慣れると、複数の分身を自在にコントロールすることがごく自然にできるよ

＊5　複写機大手の米ゼロックス（Xerox）社が1970年にアーキテクチャー・オブ・インフォーメーションの創出を目標として開設。マウス、GUIなど現在のパーソナルコンピュータの基本要素が全て備わっているAltoのコンセプトを開発した。バトラー・ランプソン、アラン・ケイなどコンピュータの発展に大きく貢献した著名人を多く輩出。

うになります。ゲームでは操作中の選手を示すカーソルが現れますが、試合の展開に合わせてカーソルが移っていく様子は、あたかも意識のフォーカスが次々に切り替わっていくかのようです。フォーカスが外れた味方選手は、無意識の自動的・自律的な行動モードに移行する感覚です。

このように、たとえ対象が複数の身体に分かれていても、注意を向けたときにはマニュアルで操作し、そうでないときには自動で動くといった風に、継ぎ目なく（シームレスに）状態を切り替えられる範囲こそ、ユーザーにとっての身体といえるのではないでしょうか。

ビデオゲームの分野には、ユーザーとゲームのやりとり（インタラクション）を適切に設計し、快適な操作感を与えるための、ある種のサイエンスといえる知見が蓄積されていそうです。それらは言葉の形で明文化されておらず、天才的なゲームデザイナーのチューニングに頼る部分が大きいのかもしれません。こうした知見を明らかにすることも、自在化技術の一環だと考えています。ウイイレのインタラクションの適用限界なども我々の研究テーマです。

自分を相手にキャッチボール

ゲームの世界に見える片鱗を足がかりに、現実の世界の分身・合体を実現する技術も順次開発していきます。いずれ、ここにいる生身の自分が、目の前に相対した分身の自分とキャッチボールするなんてことができたら面白そうです。例えばパソコンのスペルチェック機能が人のミスを自動的に補ってくれるように、自分や分身の動作を随所でフォローしてくれるコンピュータのアシストがあれば多分実現できるでしょう。

自在化技術の根本には、心と身体の間に情報空間を挟み両者を分離する仕組みがあります。この構成では、情報空間を経由するユーザーの行動を逐一記録することが可能です。データが蓄積されていけば、システム側はユーザーのことをより深く知ることができます。

自在化身体を使えば使うほどユーザーのデータが溜まり、それを使って分身を学習させていけば、分身の自律的な動作を本人のそれに近づけることが可能になります。将来、自在化身体の技術があまねく社会に行き渡れば、パターン化された行動は分身ロボットやアバターに任せて、大事な場面や緊急時だけ、本人が登場するような世界が訪れるかもしれません。

合体もすでにある

合体の方にも、モデルとなる現実の用途がいくつもあります。例えば、江戸時代初期からある人形浄瑠璃の文楽です。3名の人形遣いが頭と右手、左手、足といった各部の動きを担当して、一体の人形を実に上手に操ります。他にも、機長と副機長の2人が縦一列（タンデム）に並ぶ戦闘機や、スキッパーとクルーが協力して操るヨット、大勢が集まって動かす御神輿や地車（だんじり）なども、合体の例と見ることができます。

合体の中核にあるのは、複数の人が力を合わせ、それぞれの役割を果たすことで、1人ではできない仕事をこなす行為です。そのために1つの身体を使うことから合体と呼ぶわけですが、この身体は必ずしも人型のロボットである必要はありません。人が意のままに操れる機械や乗り物であれば、自在化の文脈からは十分身体と見なすことができます。複数の人が協力して操縦する戦闘機やヨットは、初期の合体の例と呼んでもいいかもしれません。

合体を可能にする技術の課題の1つは、身体の制御をどのように分担するかでしょうか。私が小学生のころからある、いわゆる戦隊もののテレビシリーズには、5人ほどのメンバーが合体してできる戦闘ロボットが登場します。あれをみんなでどうやって操縦しているのか、全くもって謎でした。

わかりやすい答えは、主役に任せるということでしょう。実際、文楽では「主遣い」、ヨットではスキッパー（舵取り）など、今ある合体の例では操作の中心となる人物がいます。同様に、合体に参加する人たちの間に主従の役割を割り振ることが、1つの手段になると思います。

各人の動きを平均化するという考え方もあります。明治大学の中村聡史教授[*6]の研究によれば、多くのユーザーが手書きで書いた文字を数学的に平均化すると、多くの人がきれいだと判断する文字ができあがります。ここから遡って考えると、一人ひとりの筆跡を生む手や腕の動きの平均を求めれば、理想的な文字を書く動きを実現できるかもしれません。こうしたアプローチも、用途によっては検討に値しそうです。

身体を他人やAIと共有

合体の一番簡単な例は、1つの身体を2人で使うことです。我々は、この構成の用途や要素技術を探る実験を始めています。

1つは「Fusion」と呼ぶシステムです。一人が身につけたロボットアームを、もう一人が遠隔地から操作することができます。「MetaLimbs」の2本の腕を、別人が操る構成ともいえそうです。このシステムを使って、遠隔地の操作者がアームの装着者と共同作業をしたり、アームを装着者の腕にあてがい、操作者が装着者に動作を教えたりできることを確かめました。

Fusionを介した作業の意外な効能が、操作者と装着者の親密度が増すことです。2人の間の距離が文字通りゼロになるおかげか、自然に仲良くなっていきます。考えてみれば、みんなが集まって御神輿を担ぐなど、集団が一体となった作業にはコミュニティの結束を強める側面があります。合体システムがもたらす価値は、作業の効率化といった実利だけでなく、人間同士の新しいコミュニケーション手法の確立を期待できるのかもしれません。

---

*6　明治大学教授。専門はヒューマンコンピュータインタラクション。特にライフログ、ネタバレ防止、平均文字などユニークかつ独創的な研究で注目されている。

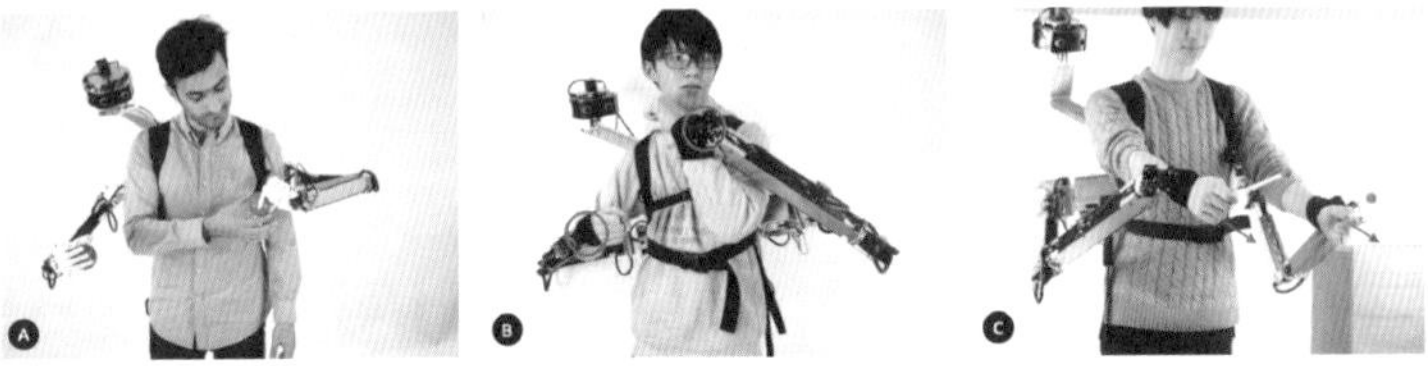

Fig 6 Fusionを使うと、遠隔地の操作者がロボットアームを操作して共同作業をしたり（A）、装着者の腕を動かしたり（B）、装着者に動きを促したり（C）できる

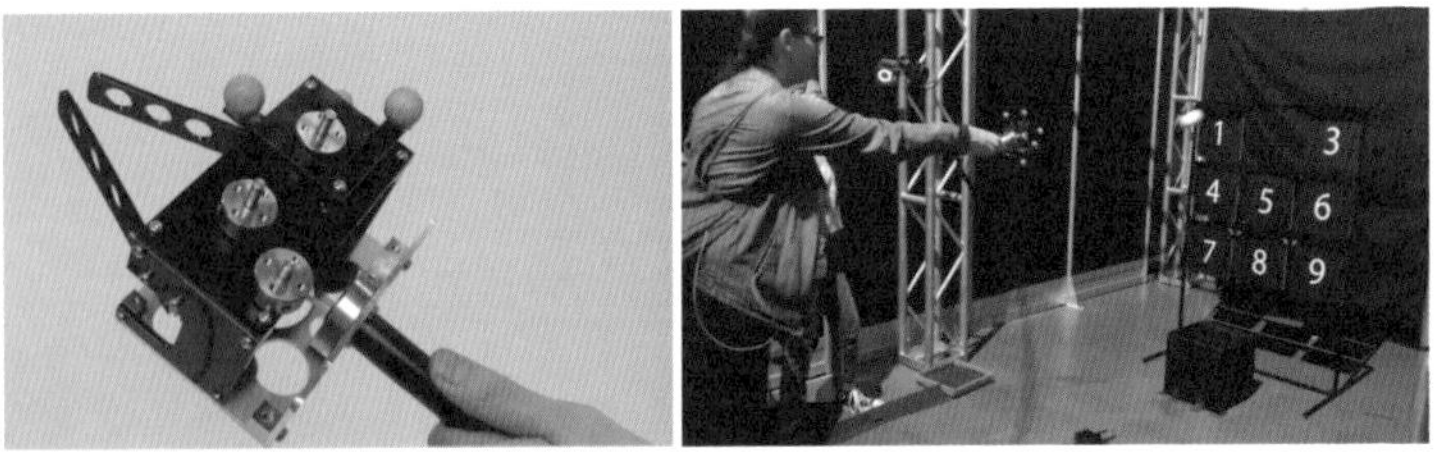

Fig 7 PickHitsは、手に持った装置（左）がボールを離すタイミングを制御することで、ボールを的に命中させられる（右）

身体を共有する相手が人ではなくコンピュータという想定のシステムとして、「PickHits」があります。ユーザーがボールを投げて的に当てるという、単純ながら意外に難しいタスクを対象にしています。AIが助けることで、例え的を見ないで投げたとしても、ボールを百発百中にすることができます。

仕掛けは簡単です。ユーザーは普通にボールを投げる代わりに、ボールを掴んだ装置を手に持ち、ボールを放るかのように腕を振ります。すると装置がちょうどいいタイミングでボールを離してくれて、的を目掛けて飛んでいく寸法です。タネを明かせば、カメラを通してユーザーの動きを観察するAIが、それぞれのタイミングでボールを離したらどういう軌道を描くかを常に計算しています。ボールの軌道が的に当たると判断した瞬間に、AIがボールを離す指令を装置に送るのです。

ここで、装置を手に持ちつつも、ボールを離すタイミングをユーザーがボタンで指定するようにすると、成功率は途端に落ちてしまいます。一方、自分では押したつもりでも実際の制御はAIに任せると、成功率は跳ね上がり、モチベーションを一気に押し上げます。

これはある意味、人を欺く行為です。しかし、ユーザーは成功するタイミングを実感できますし、上達に合わせて補助の度合いを調整すれば、ボールを投げるコツを短期間でつかめるようになりそうです。このように、合体技術を利用してAIやインストラクターを自分の身体に「憑依」させる方法は、様々なスポーツや動作のトレーニングに大いに役立つと考えています。

ウィーナー界面を自在に変える

ここからは自在化を考える上で重要な、いくつかの概念を紹介します。今後の研究を進める上で指針となるコンセプトです。まず初めが「ウィーナー界面」です。私が考案した名称で、自分で操作できるものと操作できないものの境目を表します。

ウィーナー界面の名前の由来は、「サイバネティックス（cybernetics）」という学問分野を提唱し

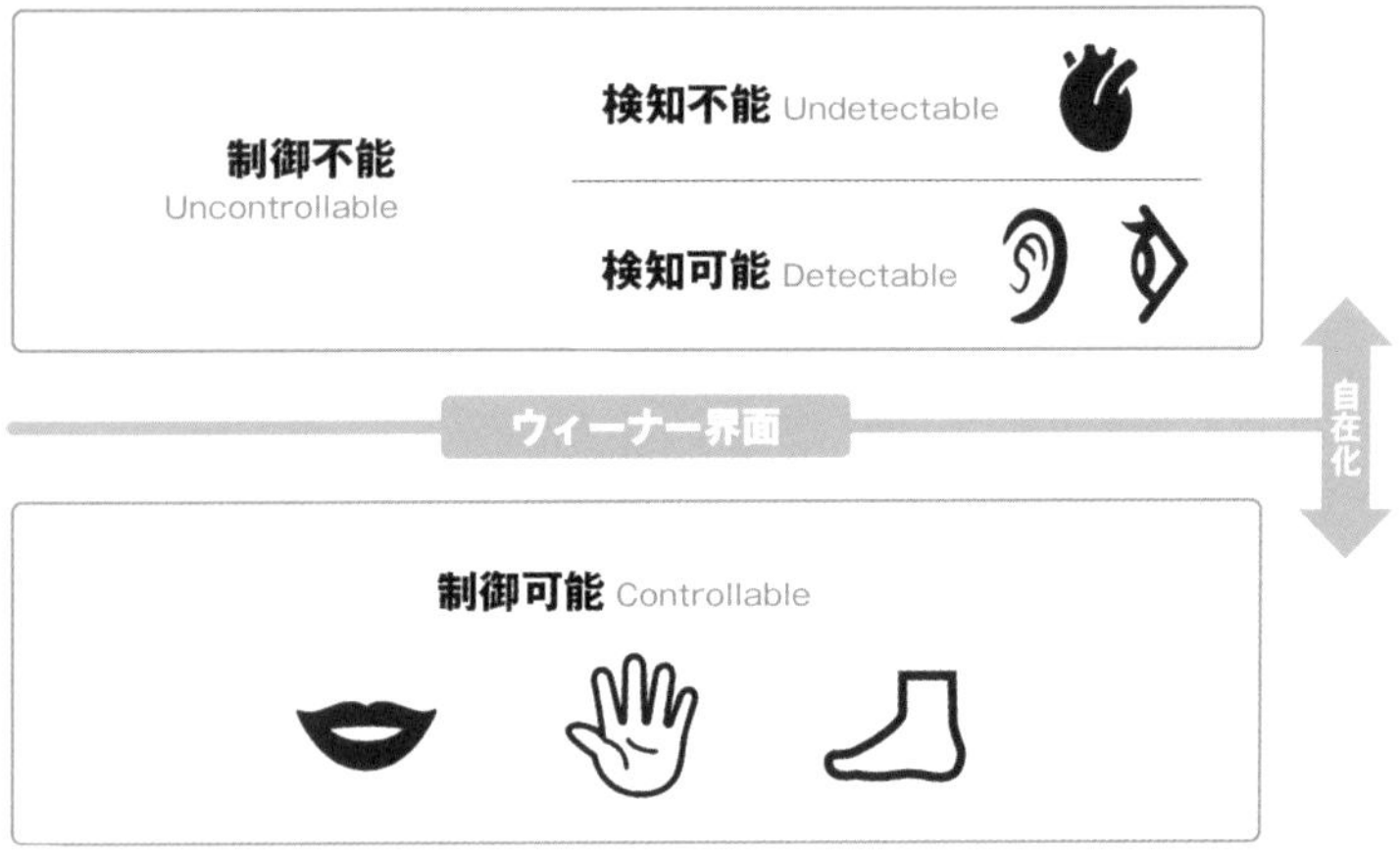

Fig 8　自在化技術は、自分で制御できる身体とできない身体の境界「ウィーナー界面」を変更できるようにする

た米国の科学者、ノーバート・ウィーナー[*7]の著書の一節です。かいつまんで説明すると、同氏は世界の中には人が制御できる対象と制御できない対象があることを指摘しました。この条件下で、制御できるものを適切に調整して望みの状況をもたらす方法がサイバネティックスだとしています。例えば、人が天候などの自然現象を操るのは難しくても、風を利用して進む船の舵をうまく制御して目的地に達することはできるわけです。

ウィーナー界面とは、この構図における制御できるものと、制御できないものの境界に注目した言葉です。個人の一人称の視点から眺めると、自分で操作できる領域とそうでない領域の境界に当たります。これは、すなわち自分自身と外部の環境の境目に他なりません。実際、哲学者のダニエル・デネット[*8]は「〝私〟とは、自分が直接制御できるもののすべてである」と述べています。

この視点から自在化を位置付けると、ウィーナー境界を自分の意思で自由に変えられる能力と考えられます。また、この界面を最大限に押し広げた範囲が自在化身体で扱える限界に相当するわけです。

自在化と人間拡張の違い

ここで指摘しておきたいのは、自在化技術の適用範囲は、身体の動作を広げる方向だけではないことです。逆説的ですが、人の行動を抑制することで価値が生まれることもあります。

例えば情報技術を駆使すれば、何もない空中に文字を書き残すことができそうです。ところが、この状況は人にとって自由度が高すぎて、やってみるとあまりうまくいきません。机などの支持体の上で書くからこそ、綺麗な文字が書けるのです。数あるスポーツの中でもサッカーの人気が世界的に高いのは、ものを投げるという人が得意な行動をあえて禁じたところに生じる面白さのおかげかもしれ

＊7 Norbert Wiener（1894年11月26日―1964年3月18日）。アメリカ合衆国の数学者。サイバネティックスの提唱者として知られている。サイバネティックスの考え方は後の計算機科学、人工知能、ロボティクスやオートメーション等の分野に多大な影響を与えた。

＊8 Daniel Clement Dennett（1942年3月28日―）。アメリカ合衆国の哲学者、著述家、認知科学者。特に心の哲学、自由意志の研究で世界的に有名。わが国でも『解明される意識』青土社（1997）、『心はどこにあるのか』筑摩書房（2016）などでも著名。

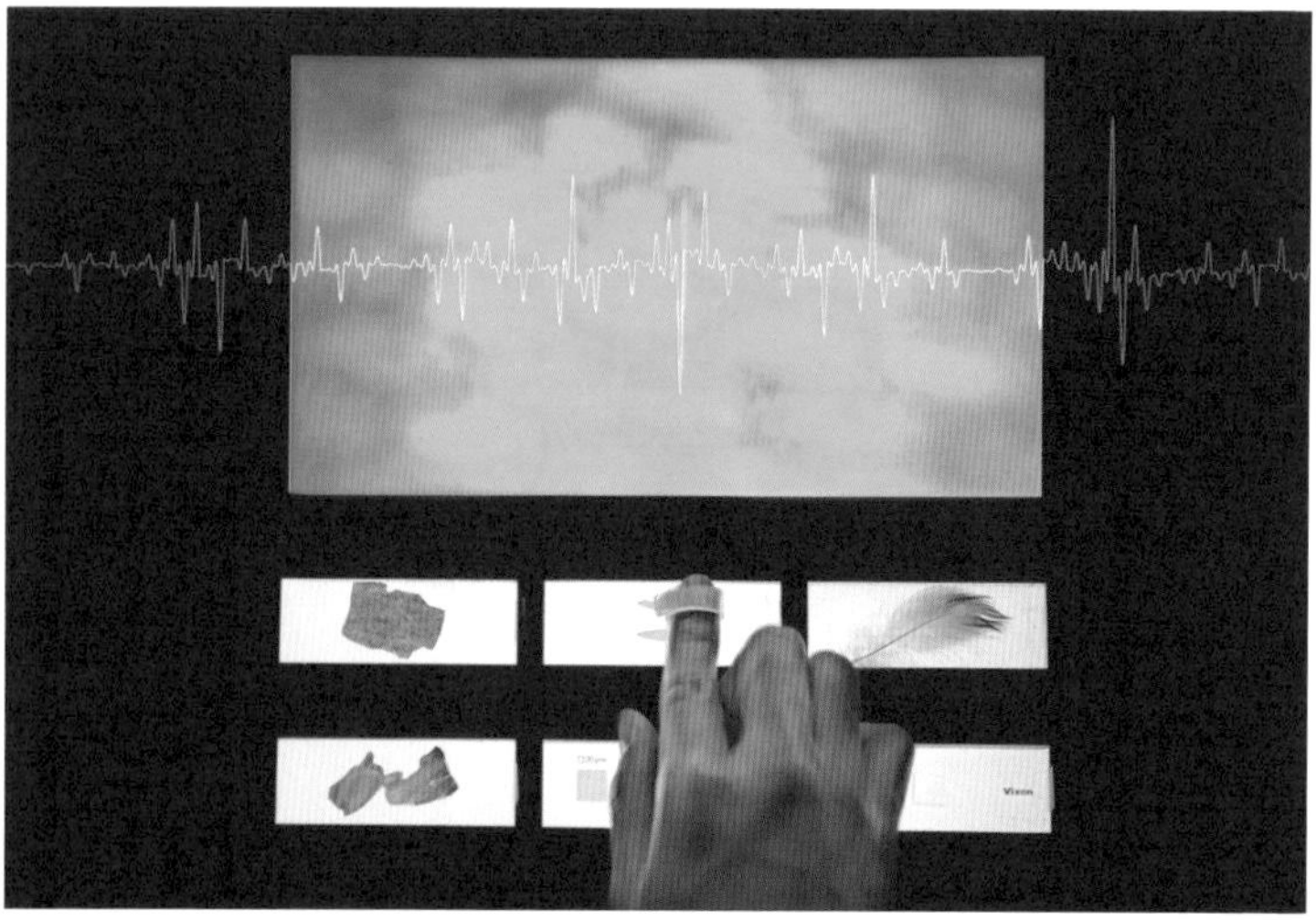

Fig 9　MagniFingerは指に付けて使う顕微鏡デバイス

ません。

我々が開発した「MagniFinger」は、指先につけて使う顕微鏡デバイスです。指先を細かく動かすことができれば、顕微鏡で拡大された画像をインタラクティブに楽しむことができます。そこで、わざと指を動かしにくくしたところ、ユーザーは10μm単位の細かい動作ができるようになることを確認しました。制約を設けることによって、精緻な動作という新たな能力を獲得できるわけです。

動作を抑制する方向でも人の可能性を引き出そうとすることは、自在化と人間拡張の技術の相違点の1つです。ウィーナー界面の例で説明すると、自在化は動作の拡張に加え抑制する方向の技術も取

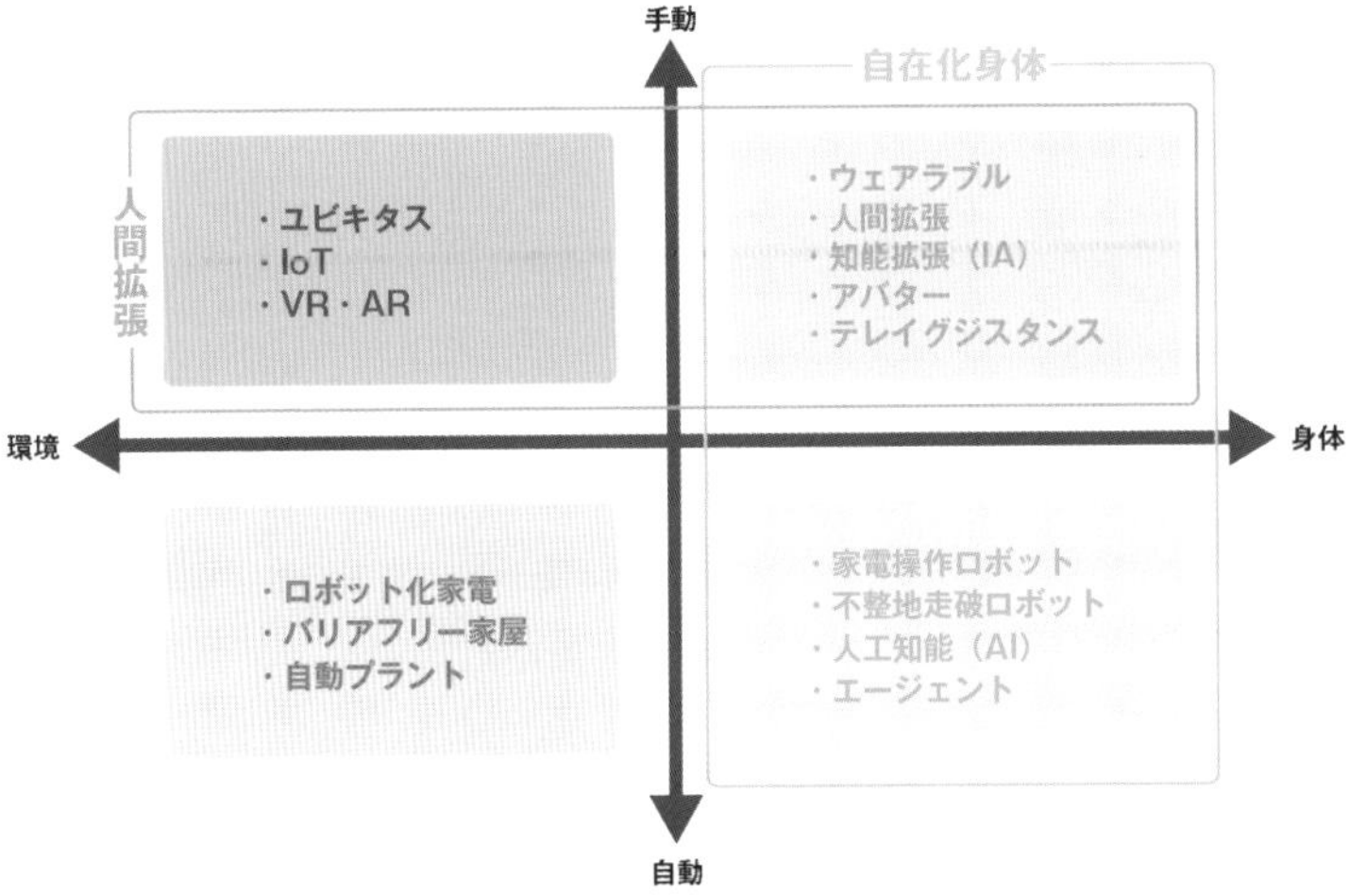

Fig 10　人間拡張と自在化身体と位置づけ

り入れることで、ウィーナー界面を自由自在に動かすことを目指します。これに対して人間拡張の研究はウィーナー界面の限界をなるべく外に広げることといえます。

自在化と人間拡張の位置づけを改めて整理しておきましょう。左右の軸として、技術によって能力を高める対象、上下の軸には自動化の度合いを取ると、自在化身体は自分自身やロボット、アバターなどの身体を対象に、手動（「マニュアル操作」）の行動だけでなく自動的な動作も含めて強化する技術といえます。一方の人間拡張は、自在化と同様に意識して使える身体能力を拡張する（エンハンスメント）ことに加え、環境の強化を通して人の能力を高める（エンパワーメント）アプローチも含みます。

シャノン界面を自在に往来

ウィーナー界面に加えて、自在化技術を特徴づけるもう1つの境界が「シャノン界面」です。物理世界（フィジカル空間）と情報世界（サイバー空間）の境目を表す概念で、情報理論の父であるクロード・シャノン[*9]にあやかって名付けました。

本稿で解説してきた通り、自在化技術はシャノン界面を双方向かつ自由自在に行き来することを可能にします。その際に不可欠の条件は、物理空間と情報空間の間などで別の身体に切り替える際の物理的・心理的なコストをできる限り引き下げることだと考えています。

かつて私が子供だったころ、テレビにはリモコンがありませんでした。別の番組を見るためには、テレビのところまで歩いて行って、回転式のチャンネルをガチャっと回す必要がありました。たとえつまらないCMが流れていてもせいぜい数分なら我慢して見ていたわけです。

リモコンの登場は、チャンネルを切り替える物理的・心理的なコストを大幅に下げました。この結果、視聴者は好きな番組を自由に選ぶようになったのです。同様に、身体の切り替えコストが大幅に下がれば、ユーザーは物理的あるいは情報的な身体を次々に渡り歩きながら利用するようになるでしょう。

体験をデザインする

自在化身体を設計する上では、身体を取り巻く環境、すなわち情報世界（サイバー空間）と物理世界（フィジカル空間）の変化にも敏感になることが必要です。

社会一般のトレンドとして、今後は物理空間よりも物事を格段に扱いやすい情報空間に、現実の活動がシフトしていくことが予想されます。ありとあらゆる人々の活動がこれまでのやり方の見直しを迫られ、サイバー・フィジカル空間の中に再配置されていくはずです。

例えば、人や物の物理的な移動は影を潜め、情報空間を通した移動の比率が高まるのは確実です。その方がエネルギー効率が段違いに高いからです。特に職場に向かう人々の移動が大きく減ることは必至です。各種の会合や業務自体が情報空間に移行し、多くの住宅は都市近郊から自然環境豊かな環境に移行する可能性があります。毎晩温泉に入りながら、仕事をするときには一瞬で移動できるという生活が普通になります。移動に関する限り、人は光や電気に肩を並べる存在になるわけです。

一方で、物理空間に残る活動も当然あります。仮に買い物が全てオンラインになったとしても商品

＊9　Claude Elwood Shannon（1916年4月30日―2001年2月24日）。アメリカ合衆国の電気工学者、数学者。デジタル回路設計の創始者、さらに情報理論考案者として計算機科学の発展に大きく貢献。アラン・チューリング、フォン・ノイマンらとともに今日のコンピュータ技術の基礎を作り上げた。

の移動は必要です。生産に必要な部材の輸送も含め、物体の移動がなくなることはありません。人々の肉体を健康な状態に保つ行為全般も物理空間に留まります。食事や医療行為、住空間の整備などです。

ただし、これらの活動にも実は情報的な側面があります。例えば食事は情報の要素が多い行為です。物理的な身体の保持に必要なカロリーや栄養素は同じでも、味や食感、香りは千差万別で、これらは情報に強く影響されるのです。しけったポテトチップスを食べるときにパリっという音を合わせると食感が回復します。外食の楽しさは、同席する相手次第で大きく変わります。ある意味人は、情報を食べているのです。実際、マンガ『ラーメン発見伝』には、行列店で食べる顧客の心理を「ヤツらはラーメンを食ってるんじゃない。情報を食ってるんだ！」と評したセリフがあります。

こうした特性を活かせば、物理空間と情報空間を組み合わせた新しい体験を作り出すことが可能です。居酒屋に集まる代わりに「オンライン飲み会」が流行したように、人々の意識も変わりつつあります。自在化身体からは少し離れるかもしれませんが、こうした体験をどのように構築していくかも、興味深い研究テーマです。

自在化が作る未来

最後に、自在化技術で私が目指す未来について書きたいと思います。数年先までには、人の身体機能を拡張して、やりたいことをできるようにした具体的なシステムをいくつも作るつもりです。人間拡張の研究ともつながるところです。

自在化技術の本質は、自分の肉体という身体の制約からできなかったこと、できないと諦めていたことを、技術の力でできるようにすることです。自在化システムの利用によって、人の心に自信を呼び覚まし、仕事や生活にやり甲斐を感じてもらえることが、きっと可能になるはずです。昨日できなかったことが今日でき、今日できなかったことが明日にはできるようになる。そういう体験を様々な人に提供することが、人の生き甲斐や幸せにつながり、未来に希望を持つ人を増やせると信じています。この意味で自在化身体プロジェクトは、身体の側からアプローチした、より良い社会を作り上げる試みだと考えています。

数十年先の未来には、我々の人間観や仕事観、人々の社会的役割の観念が変わるところまで、事例を積み上げたいと考えています。かつて、産業革命によって労働の機械化が進展し、人間の身体の役割は大きく変わりました。人が機械を操作し、機械にできないことを人が労働で補うようになったのです。そのときに匹敵する変化が今起きています。情報技術やＡＩの進化が人と労働の関係を塗り替えるとともに、自在化技術により心と体が独立して存在できるようになれば、人間とその社会は激変します。この変化を先導する研究を進めていきます。

自在化技術の確立は、科学全般の手法に影響を及ぼす可能性もあります。科学史を振り返ると、数

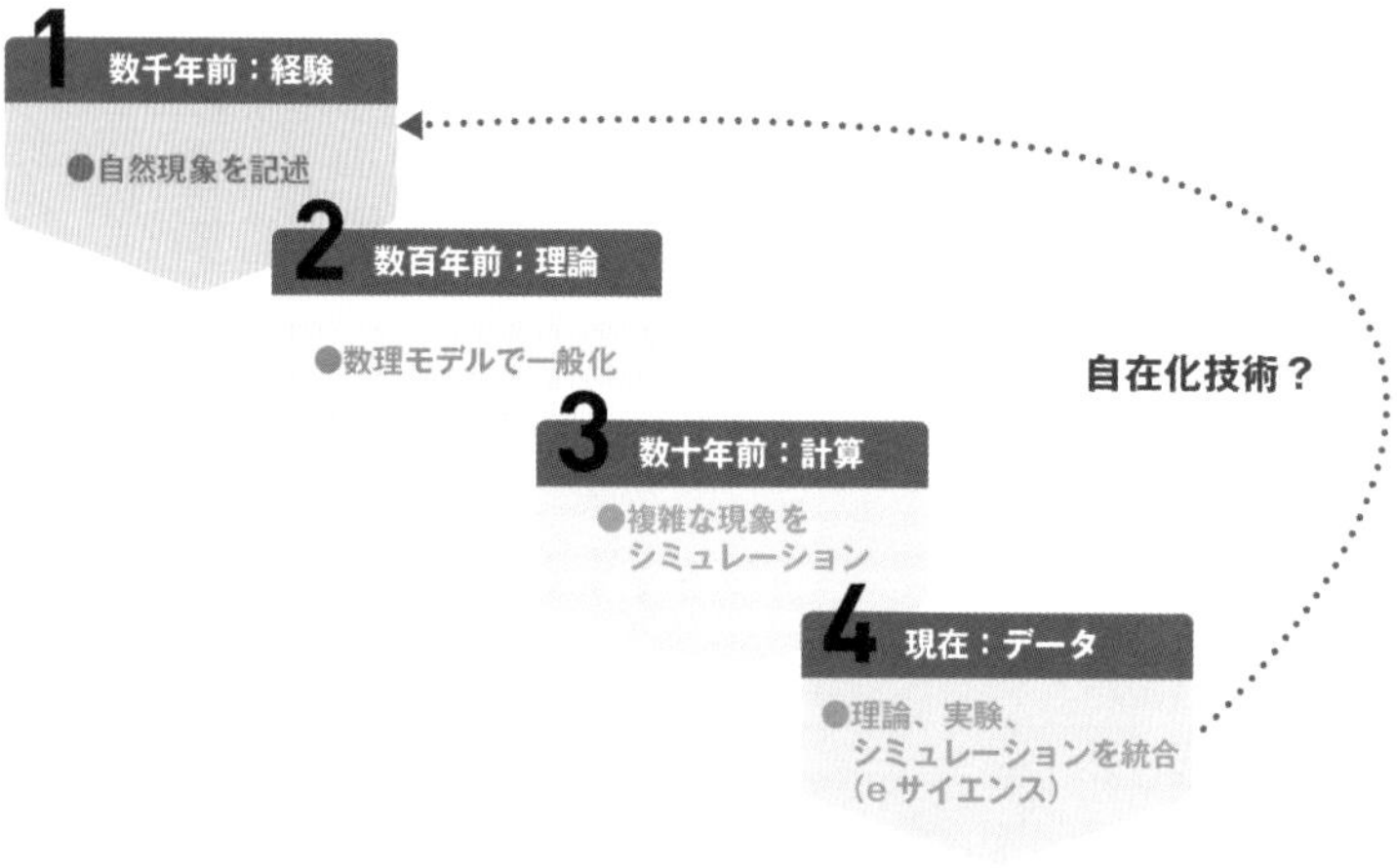

Fig 11　科学の４つのパラダイムと自在化技術（T. Hey ほか編、The Fourth Paradigm (2009) を基に作成）

千年前に興った経験科学を起点に、ニュートンらが活躍した理論科学の時代を経て、コンピュータシミュレーションを駆使する計算科学、さらにはデータ駆動型の第４のパラダイムへと発展してきたとされています。その結果、現在の科学は現実から遊離した高度に抽象的な存在になりました。自在化技術の力を使えば、こうした先端科学の知見を、再び人々が体験できる領域にマッピングできるかもしれません。

２０２０年は、ロボットという言葉を生んだカレル・チャペック[*10]の戯曲「R.U.R.（Rossumovi univerzální roboti）」の発表から１００年目、サイボーグの概念を提唱[*11]した論文の出版からは60年目にあたります。この節目に自在化の研究をしていることに、先人の大志を引き継ぎ、さらに発展させていく責任を感じます。遠い将来から現在を眺めたとき、時代の変わり目だったと思えるような研究をしていくつもりです。

*10 Kare Čapek（1890年1月9日 - 1938年12月25日）。チェコの作家、劇作家。戯曲《R.U.R.》において「労働」を意味する「robota」からロボットという造語を作ったといわれる。

*11 ダナ・ハラウェイ（Donna Jeanne Haraway、1944年9月6日―）アメリカ合衆国カリフォルニア大学サンタクルーズ校名誉教授が1960年代から始まるフェミニズム運動において、機械と生物のハイブリッドとしてサイボーグを定義した。

2

北崎 充晃

身体の束縛から人を解放したい

コミュニケーションの変革も

Michiteru KITAZAKI

豊橋技術科学大学 情報・知能工学系長 教授 博士(学術)

日本バーチャルリアリティ学会 拡張認知インタフェース調査研究委員会 委員長

日本心理学会 代議員，日本基礎心理学会 理事，日本バーチャルリアリティ学会 理事

JST ERATO稲見自在化身体プロジェクト 認知心理・行動理解グループグループリーダー

私は高校生のころ、哲学に憧れを抱いていました。しかし、大学に入って教養課程で哲学を学んでみたら、自分の求めているものと少し違うことに気がつきました。私が入学した1980年代後半の哲学のトレンドは、「脱構築」[*1]といったキーワードが飛び交い、政治的なニュアンスも含んだ社会に関わる思想が中心でした。東京に出てくる前の自分はそれを知らなかったのです。当時の自分には、学生によくあるように、社会とか学校に反発するナイーブな気持ちがありました。社会的なことよりも、もっと人の生き方とか、人の真実に迫ることをやってみたかったのです。

大学3年生のときに文学部の心理学専修課程を選んだのはそのためです。東京大学の心理学専修課程は、文学部にありながらも神経科学の手法を使って心理現象を探る研究を進めるなど、異色の存在でした。哲学を専攻するよりも、ずっと面白そうでした。中でも興味を持ったのが人の知覚の研究です。人が感じていることを、脳や物質などで説明しようとする、還元主義的な研究に非常に惹かれました。結局、学部4年生から現在に至るまで、一貫して知覚に関わる研究に従事することになります。

錯覚に魅せられる

知覚を研究している人はみんなそうだと思いますが、研究にはまったポイントはやはり錯視の凄さです。錯視とは目で見てわかる錯覚のことです。最近の有名な例には、明治大学の杉原厚吉特任教授が考案し、2010年の「ベスト錯覚コンテスト（Best Illusion of The Year Contest）」で優勝

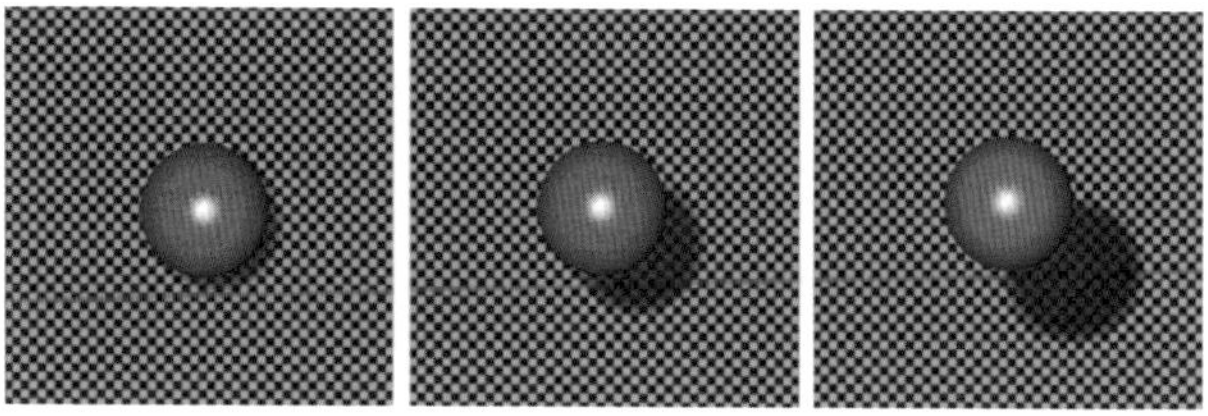

Fig 1　影による奥行きの錯視。影（キャストシャドー）と物体の位置関係で奥行きが異なって知覚される。これも人が感じる世界を脳が作り出している証拠である

した「ボールが上っていくように見える坂（Magnet Like Slopes)」があります。[*2]

錯視は子どもも大人もみんな大好きです。常識ではあり得ない光景を目の当たりにできるからです。何度説明されても、見直しても、そうとしか見えない。知識や意識では変わらない自動的で圧倒的な力を錯視は持っています。

ここに垣間見えるのが、人の知覚システムの仕組みです。人が感覚器を通して感じる周囲の状況は、実世界のありのままの姿を、あますところなく表現しているとはいえません。人の五感が取り込めるのは、世界に溢れる膨大な情報のほんの一部でしかないからです。

視覚1つをとっても、3次元空間である世界を網膜に映った2次元の画像で表現するわけですから、自ずと制約があります。自分を取り巻く状況を正しく把握するには、両目から得た2次元像を基に、奥行

＊1　脱構築はフランスの哲学者ジャック・デリダの造語で、伝統的な思考の枠組みを乗り越える方法の1つ。

＊2　YouTube の動画でこの錯視を実際に見ることができる。URL は https://www.youtube.com/watch?v=_bwsqRxqOvl

きや前後関係といった3次元の情報を推測する処理が不可欠です。実際、現在の知覚モデルでは、感覚器の入力を脳内で情報処理した結果が人の知覚であると考えます。つまり人が感じる世界とは、ある意味で脳が作り出しているわけです。

動き方次第で見え方が変わる

学部生から博士課程にかけて私が取り組んでいたのは、このような視覚の仕組みの一端を明らかにする研究でした。卒業論文では「運動からの奥行知覚」を対象にしました。画面にたくさんの点を表示し、その速度が変わったり、新たに現れた点が元からある点を隠したりすると、奥行きが変わって見えるパターンをいくつか示し、この現象が生じるメカニズムを調べました。

これに引き続き、修士論文では「運動視差と運動からの構造復元の対比」に取り組みました。運動視差とは、自分が見ている物や自分自身の視点が動くことで生じる見え方の差（視差）のことで、人が奥行きを感じるために利用する情報の1つです。卒論の時は画面上の点が動いているだけだったのに対し、今度は自分も動くとどうなるかを探りました。

修論で明らかにできたのは、画面に表示する動きの性質に応じて、人の知覚が大きく変わることです。この研究では、画面の上の方は左方向、下の方は右方向に流れるようなコンピュータグラフィックス（CG）のアニメーションを表示し、被験者が頭を左右に動かしながら見ると、知覚がどう変わるかを確かめました。このとき、①画面の上から下に向かうにつれて滑らかに速度が変わっていく映像と、②画面のあるところでガクッと不連続に速度が変わる映像では、知覚が全く変わってしまうのです。

①の場合は頭を動かす向きが変わると、映像に感じる奥行きが反転して見えます。これまで画面の上側が奥、下側が手前と感じていたとすると、今度は上側が手前、下側が奥と感じるようになるわけです。一方で、②の映像では奥行きの関係はそのままで、速度が変わって見えます。

動きをヒントに解釈を絞る

この結果は、人の知覚について何を物語っているのでしょうか。まず①に近い状況として、田園風景の中を走る電車に乗って、窓から外を眺めているところを想像してみてください。実際に経験したことのある人は、何となく目に浮かぶかと思います。手前に見える畑は電車の進行方向と逆に動いていくのに対し、彼方にある山々は電車と同じ方向に進んでいるように見えるはずです。

ここから、人が動いている時には、自分と逆方向に動くものは手前に、同じ方向に動くものは奥に感じると予想できます。だとすると、実験で頭の動く向きに応じて奥行きが反転するのは、例えば頭を左方向に動かすと左に流れる映像が映った画面の上側を奥だと感じるのに対して、頭を逆に動かせば今度は上側を手前に感じるから、といった解釈が成り立ちます。

一方の②の不連続に速度が変わる映像の場合は、景色の中で他のものから独立して動くものがある場合に相当します。風景の中を走る自動車のようなケースです。この場合は、頭の動きを変えても移動するものの奥行きは同じままで、速度が変わったように感じるわけです。

修士論文の研究からわかったのは、脳は動きの性質の違いをヒントにして、網膜に写った像の解釈を変えているということです。自分が動いている時に見える光景のうち、連続的に変化する動きは奥行きの違いと解釈し、不連続な動きは独立して動作するものと判断していると考えられます。2つの解釈は二者択一で、一方が成り立つともう一方は成り立ちません。そのどちらを選ぶかを、動きの違いに応じて脳が切り替えるようです。

知覚の違いを理論で説明

博士課程では、このような知覚の仕組みを統一的に説明できる理論を検討しました。視覚の分野で「一般的視点の原理（generic view principle）」と呼ばれる考え方を、物や観察者自身が運動している場合の奥行きや運動の知覚にも適用できることを示したのです。[*3]

一般的視点の原理とは、現在見ている光景に対応する3次元空間の状況が複数あった場合に、あらゆる視点からみて今のような見え方になる確率が一番高いものを選ぶとする考え方です。これを逆手にとると錯視を起こすことができます。

例えばM.C.エッシャーの作品には、1つの階段が角で折れ曲がって次の階段に繋がり、それを3回繰り返すと元の場所に戻ってしまう建築物が登場します（いわゆる「ペンローズの階段」）。[*4] 物理的にはあり得ない光景ですが、見た目だけなら実際に再現が可能です。ある1点で途切れている階段を作った上で、つながったように見える角度から写真を撮ればいいのです。

一般的視点の原理によれば、この見栄えは、どの視点から見ても同様のはずだという前提が脳にはありますから、この絵を見た人は、全体の高さは変わらないのに階段が無限に上り続けるような不思議な感覚を覚えます。種を明かせば「たまたまある角度からは、すべての階段がつながっているように見えるだけ」ということなのです。

この原理では、物や景色を見たときのよくある（高い確率で生じる）見え方のことを「一般的見え（generic view）」、見る角度などによって稀にそうなる（低い確

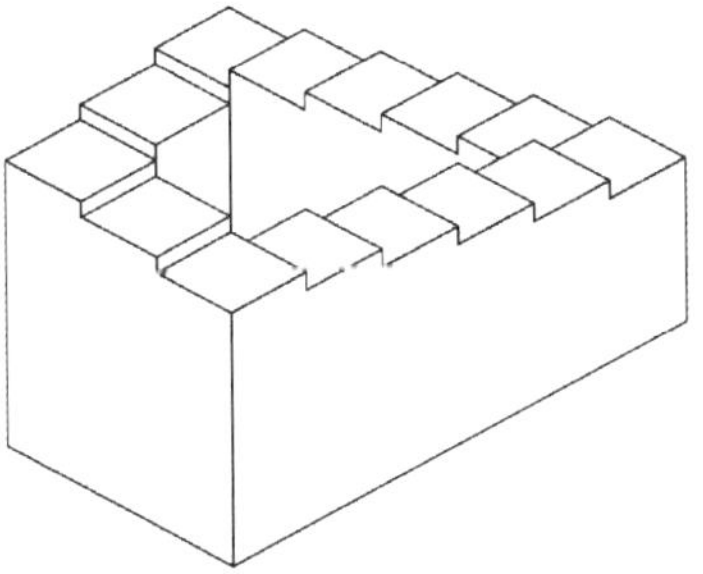

Fig 2　全体の高さは変わらずに、どこまでも上り続ける階段。数学者のライオネル・ペンローズらが考案し、「ペンローズの階段」と呼ばれる。M.C. エッシャーの作品のモチーフにもなった

*3　北崎、「移動する観察者における視知覚：一般的視点の原理の三次元運動知覚の適用」、学位論文要旨、http://gakui.dl.itc.u-tokyo.ac.jp/cgi-bin/gazo.cgi?no=112340

*4　元々数学者のライオネル・ペンローズとロジャー・ペンローズの親子が考案した図形であるため、この名がある。

率で生じる）見え方を「偶然的見え（accidental view）」と呼びます。ここで紹介した錯覚は、「偶然的見え」を脳が「一般的見え」だと解釈することで引き起こされるわけです。

博士論文では、数々の実験結果などから、運動を基にした3次元構造の復元にも一般的視点の原理を適用可能であることを明らかにできました。視覚全体のメカニズムを解明する理論を構築する上で、有効な成果を出せたと考えています。

知覚心理学からVRへ

現在私が手がける研究の柱の1つは、バーチャルリアリティ（VR）を用いた人の知覚の解明です。後述する自在化身体プロジェクトの研究でも、VRを大いに活用しています。振り返ってみると、VRの発想に近い研究は学生のころから始めていました。

1990年代、日産自動車が米国のマサチューセッツ州ケンブリッジに設立したNissan Cambridge Basic Research（日産ケンブリッジ基礎研究所）[*5]に、修士課程から博士課程にかけて1年間留学していたことがあります。産業界でも基礎研究が見直されていた時代で、近隣にある米マサチューセッツ工科大学（MIT・Massachusetts Institute of Technology）や米ハーバード大学の研究者を招いて立ち上げた組織です。

そこで私が担当したのが、ドライビングシミュレータの研究でした。3次元CG処理を得意とする米シリコン・グラフィックス社（SGI・Silicon Graphics, Inc.）[*6]のワークステーションを使って、シミュレータを使う被験者の視覚を調べていました。ヘッドマウントディスプレイ（HMD）などを使ったわけではないですが、3DCGで表現した世界を被験者に体験してもらうという意味で、VRと認知に関わる私の研究はここから始まったといえます。

そもそも知覚心理学は、VRと親和性の高い研究分野だといえます。ここまで説明してきたように、人の視覚の研究では刺激を与えた時の被験者の反応を調べます。実験で提示する視覚的な刺激は、卒論の時に使った点のパターンのように、目的に応じて設計した架空の映像であることが多く、現実にはあり得ない状況という点でVR的です。時には人の動きに合わせて映像を変化させることも、VRと近い特徴といえます。さらに、HMDなどVR用の表示装置は、被験者に刺激を与える手段として極めて有効なのです。

圧倒的な映像で体感を操作

人の知覚の研究に対してVRがもたらす効果の大きさを痛感したのが、次に紹介する「CABIN

＊5　日産自動社が1992年にMITやハーバード大学と協力して創設したドライビングに関する研究を中心とした基礎研究所。ユニークで先進的な成果を挙げたものの2001年に閉所された。
＊6　1980～1990年代に、グラフィックスに特化したワークステーション（コンピュータ）で有名だった企業。

Fig 3　CABIN。東京大学に導入されていた大規模没入型ディスプレイ

（キャビン）」を使った研究でした。

私は米国から日本に戻って博士号を取った後、東大の心理学研究室の助手になりました。ちょうどそのころ、学内にIML（インテリジェント・モデリング・ラボラトリ）という施設ができました。廣瀬通孝教授[*7]や舘暲教授[*8]らの尽力で完成したVRの研究施設ですが、全学共同利用できる施設だったので、文学部でも使ってみないかと声がかかったのです。

そこにあったのがCABINでした。部屋を1つの立方体と考えると、入り口がある面を除いた5面の全てがスクリーンで覆われ、プロジェクターで映像を投影できる没入型のVR装置です[*9]。この種の装置として真っ先に作られた米イリノイ大学の「Cave Automatic Virtual Environment（CAVE）」にちなんで、CAVE型の装置とも呼ばれます。

ここで私が扱ったのは、博士論文の研究とは逆に、視覚的な刺激によって自分が動いている感覚を被験者に誘起する現象です。英語で「ベクション（Vection）」[*10]と呼ばれます。CABINのような装置を使うのに、もってこいの研究だと考えました。ちなみに、私が日本バーチャルリアリティ学会で最初に発表した研究は、このベクションに関するものでした。

実際、この実験からは期待に違わぬ結果が得られました。実験では、CABINのすべてのスクリーンを点（ランダムドット）で埋めて、バーチャル3D空間内でそれらの点を回します。それだけなのですが、完全に自分が飛んで回っているような圧倒的な感覚を体験することができました。今のVR映像のようにレイトレーシングをしたり、身体の動きに映像を連動させたりするなど、きちんとリアリティを作り込んだわけではありません。膨大な数ではあるものの、ただの点を回すだけです。それ

*7 バーチャルリアリティ研究で著名なシステム工学者。1977年東京大学工学部卒業、1982年同大学院博士課程修了、2020年現在、東京大学名誉教授。
*8 前掲（p17）
*9 5面のスクリーンの大きさは2.5×2.5×2.5m。2012年にその役割を終えた。
*10 視覚誘導性自己運動知覚とも呼ばれる。視野に提示された運動から、実際には止まっている自分の身体が動いているように感じられる現象。列車や車に乗っていて、隣の車両が動くと、自分が乗っている車両が動いていると感じる錯覚が有名。

でも、見ていると自分が動いている感覚がしますし、まっすぐ歩こうとしても勝手に曲がってしまいます。

この環境を使って、被験者が注目するドットを変えると、体感する動きの向き（ベクションの方向）が変わるという研究成果を得ることができました。ドットを色分けして、被験者には特定の色のドット群の動きに注意してもらい、違う色のドット群には別の動きを割り当てたのです。不思議なことに注意を向けたランダムドットの運動ではなく、注意を向けない方のランダムドットの運動でベクションが生じます。[*11]

理論からすれば、この結果は納得がいくものです。人の視覚は、普段は注意を向けない背景や地面の動きも無意識のうちに検知しています。そして、背景や地面が動いている場合は、自分の身体が動いていると脳が解釈するわけです。つまりCABINでの実験では、被験者が注意していない色のドット群が、背景の役割を果たしたわけです。

なお、自分が動く場合は動きに応じた感覚（前庭感覚）も当然生じます。ですが、前庭感覚が敏感なのは速度の変化、すなわち加速度に対してです。電車の中で目をつぶるとわかるように、一定速度の動きについては、止まっている状態となかなか区別がつきません。ベクションが生じるのは、前庭感覚よりも視覚による刺激の方が優位になるからです。

「大きな資本金」が必要

　ＣＡＢＩＮを使った研究でつくづく身にしみたのが、私の指導教官だった下條信輔助教授[*12]（当時）が常々語っていた一言です。「資本金が大きくないと、精緻な研究はできない」。「資本金」とは、お金のことではなく錯視のことを指しています。被験者から大きな反応を引き出せる錯視を使わないと、様々に条件を変えて効果を測るといった緻密な実験ができないという意味です。

　この理由の1つは、視覚や注意などを対象にした心理学の実験では、わずか数ミリ秒（ms）の差しか出ないなど、微妙な結果に終わる場合が少なくないことです。これでは、現象を引き起こす要因を、条件を変えた実験によって絞り込むこともままなりません。最初に大きな反応が得られれば、条件を細分化しても効果を検出しやすいため要因を特定しやすくなります。

　この点で、ＣＡＢＩＮを利用できたのは非常に有意義でした。自分を取り巻くように表示される視覚刺激は圧倒的で、被験者に極めて強い効果を与えることができました。加えて、実験では被験者が集中できるように関係ない刺激を抑制することも重要ですが、視野すべてが映像で覆われるため、余

---

*11　Kitazaki, M. and Sato, T. (2003). Attentional modulation of self-motion perception. Perception, 32, 475-484.

*12　視覚を中心とした知覚や意識の研究で著名な心理学者。1978年東京大学文学部心理学卒業、1985年マサチューセッツ工科大学大学院博士課程修了。東京大学助教授などを経て、2020年現在カリフォルニア工科大学教授。

計な情報が入り込む余地がありません。これらの利点は、現在の研究でよく使うＨＭＤでも共通しています。

はたから見ると、ＶＲの技術を視覚の研究に応用するという発想は思い切った一手だったかもしれません。自分自身は興味をそそられ、何の気なしに始めた研究でしたが、当時周囲にいた知覚心理学の研究者は、どちらかといえば他者の成果に批判的な視点で臨む人が多く、まず面白がるといった姿勢があまりなかったからです。もちろん、科学上の真理を追求する上で批判的な態度で研究を吟味することは非常に重要ですし、そうしたアプローチを得意とする人材も必要です。ただし自分自身はそちらのタイプではなく、まずは興味の赴く方向に突き進む方だと思います。

私の指導教官の下條先生も、いつも前向きで研究を面白がる姿勢が特徴的でした。一方で、実験を行う直前や研究のまとめ段階、学会発表や論文投稿の前には、うって変わって神経質なほど実験計画やデータ解析の妥当性、考察の論理にこだわります。精緻に検討する姿勢も下條先生から学びました。

自在化身体プロジェクトの稲見教授と出会ったのもこのころです。そのころは痩せ形で眼光鋭い感じでしたが、話すと物腰が柔らかくて、やはりものすごく前向きだと思いました。まだ大学院生だったと思いますが、光学迷彩[*13]の技術で学会でも世間でも注目を集め始めており、いろんな人が見学に来ていました。ＣＡＢＩＮ自体とても見学客が多く、我々も何度も借り出されて研究のデモを手伝いました。お互い若かったころの思い出です。

VRを使って人間を変える

ここまで紹介してきた知覚心理学の研究では、主に実験に必要な状況を自由に作り出す技術としてVRを捉えてきました。人工的な世界のただ中に被験者を置くことで、知覚をはじめとする人間の本質的なメカニズムを探る道具として有用であることは説明した通りです。

ただし現状のVR技術では、現実と見分けがつかないほどリアルな表現はできず、バーチャルとリアルの境目がはっきりしすぎています。これは、私の別のテーマである人のコミュニケーションや社会性の研究で使うには一定の制約があることを意味します。例えば特定の現実的な状況に置かれた人が、どのように行動するかを調べる実験で使うのは困難です。現実との差が大きい分、VRで観察された行動と現実での振る舞いが同じになるとは言い切れないからです。

一方で、現実とは違うVR世界における人間の行動を調べることには大きな意義があります。VR世界の中で、人は現実と全く別の生活を営む可能性があるからです。その中で人々がどのように交流し、どのような社会性を確立するのかを知ることができれば、より良いVR環境を作る上で大いに役立ちます。

＊13 物などの対象を視覚的に透明化し、背景から区別できなくする技術。稲見教授らが開発した光学迷彩は、対象物体に再帰性反射材をつけ、視線と同じ方向に背景の映像を投影することで透明化を実現している。

VR世界ならではの体験の1つが、現実とは異なる身体を持てることです。自分自身の身体を自由自在に変更することも可能となります。子どもになったり、肌の色を変えたり、透明になったりもできます。しかも、身体を変えることは心と行動を変えます。例えば、VRを使った空間で白人が黒い肌のアバターを利用すると、黒人への潜在的態度がポジティブな方向へ変わることが実験で示されています。[*14]

VRの中では物理的にあり得ない身体に変わることさえ可能です。以前、関節の角度が物理的にあり得ないポーズをとった人物像、いわば「不可能身体」の画像を使って、知覚の実験をしたことがあります。あるポーズの人物像を被験者に見せ、次に見せた画像が同一のポーズを別の角度から見たものかどうかを判定してもらうのです。この実験では、不可能身体の画像を使うと、自然なポーズをとった人物像と比べて、判定に要する時間が余計にかかることがわかりました。[*15] つまり人は、あり得ない身体の認識が苦手なのです。

ところが面白いことに、現実では不可能な動きができるアバターをVR空間の中で使い続けると、人はこの身体に慣れることができるのです。例えば、身体の後ろにも前と同様に手を曲げることができるアバターを使ってボールを触る実験をすると、この身体に慣れるに従って、後ろ側のボールも素早く触れるようになります。

身体自体をなくしてしまう

自在化身体の研究も、このような発想の延長線上にあります。稲見自在化身体プロジェクトへの参加の声がかかった当時、私はすでに身体改変という研究を進めていました。このため自在化身体プロジェクトに、自分の関心ととても近い方向性を感じて、躊躇なく参加を決めました。

身体改変の研究で初めに考えたのは、身体自体をなくしてしまうことです。今ある身体がなくなれば、次の身体に移行しやすいと思ったからです。人の身体を1回なくしてから次にクマの形になるとか、昆虫になるとか、完全な別人になるとかいった世界を実現したいと考えました。本来の自分の身体像との差分を感じるのではなく、全くの無から新しい身体を獲得しようという発想です。

目標は、自分の身体がある状態、ない状態、自由に変えられる状態の間を自在に行き来できる手段を見つけることです。究極的には「思念クラウド」のような世界を実現できるかもしれません。思念クラウドとは、ベンチャー企業アラヤのCEOで神経科学者でもある金井良太氏の言葉で、身体のない私がクラウド上に存在して、用途や場面に応じて様々なアバターを使い分けるイメージです。

＊14 T. C. Peck, S. Seinfeld, A. M. Aglioti, M. Slater, "Putting Yourself in the Skin of a Black Avatar Reduces Implicit Racial Bias," Consciousness and Cognition, Vol. 22, Issue 3, Sept. 2013, pp. 779-787.

＊15 井上、北崎、「生体力学的制約が身体ポーズ認識における 視点依存性と倒立効果に及ぼす効果」、『心理学研究』、2010年、第81巻、第2号、pp.105-113.

身体を消したいという発想の背景には、人を身体から解放したいという考えがあります。身体があることで良いことはたくさんありますが、同時に自分の身体にコンプレックスを持ったり、他人と比較して序列を感じてしまったり、コミュニケーションに限界ができたりするなど、負の側面もあると思います。実際、人の知覚や認知は、自分の身体や他人の身体の見え方や動き、感覚に大きく影響を受けることが知られています。心理学の分野で身体性認知（Embodied cognition/perception）と呼ばれる考え方です。この主張は、多くの研究でVRを使って自己の身体像を変えると行動や心理が変わることからも裏付けられています。

透明な身体にも所有感

身体を消す試みでは、まずVRの中で操るアバターの身体の透明化に取り組みました。VR空間の中ではアバターの四肢の先端、つまり手と足だけを表示し、被験者の手足の運動と同期して動かします。そうすると被験者は手や足の間に透明な身体があるように感じるのです。2018年に発表した論文[*16]では、動きの同期性に重点を置きましたが、さらに手足の大局的な空間的配置も必要であるということもわかりました[*17]。

身体が見えないことには一定の効用があります。例えば右腕だけが通常よりも極端に長いアバターを使ってVR空間内でボールに触る実験をすると、被験者は次第に長い腕の使い方に慣れ、すぐ近くにあるボール以外は、より有利な長い腕で触るように変化していきます。このとき被験者にアバターの身体を鏡で見えるようにしてあげると、強い違和感を感じるのです。手足の先だけ表示して身体は透明にすると違和感は消えます。右腕だけ長い状態が目に見えると極めて不自然であるのに対して、手の先だけしか見えなければ、その間にある身体は頭の中で自分に都合良く解釈できるわけです。

これらの実験から、ＶＲの中では身体をある程度透明にできることがわかりました。ただし身体を透明にできても、被験者には「透明な身体を持っている」という感覚が生まれます。そこで物体や他者が身体を通り抜けるようにしても、やはり何らかの身体所有感覚が残るのです。被験者の意識から身体をなくしてしまうことは、ものすごく頑張ってみたものの、いまだにできません。

正直なところ、完全に身体がない感覚の実現はほとんど無理ではないかとも思います。やはり心と身体は一体なのかもしれませんし、人が心と身体を切り離せるほど進化していないのかもしれません。ただしまだ諦めたわけではありません。現在は視覚を通して身体を消すことを試みていますが、例えば言語的な手段など他の方法には、試してみる価値があります。身体を感じられなくなる疾患などを

＊16 R. Kondo, M. Sugimoto, K. Minamizawa, T. Hoshi, M. Inami and M. Kitazaki, "Illusory body ownership of an invisible body interpolated between virtual hands and feet via visual-motor synchronicity," Scientific Reports, 8, Article number: 7541 (2018)、この論文は https://www.nature.com/articles/s41598-018-25951-2 からアクセス可能。

＊17 Kondo, R., Tani, Y., Sugimoto, M., Inami, M., & Kitazaki, M. (2020). Scrambled body differentiates body part ownership from the full body illusion. Scientific reports, 10: 5274、この論文は https://www.nature.com/articles/s41598-020-62121-9 からアクセス可能。

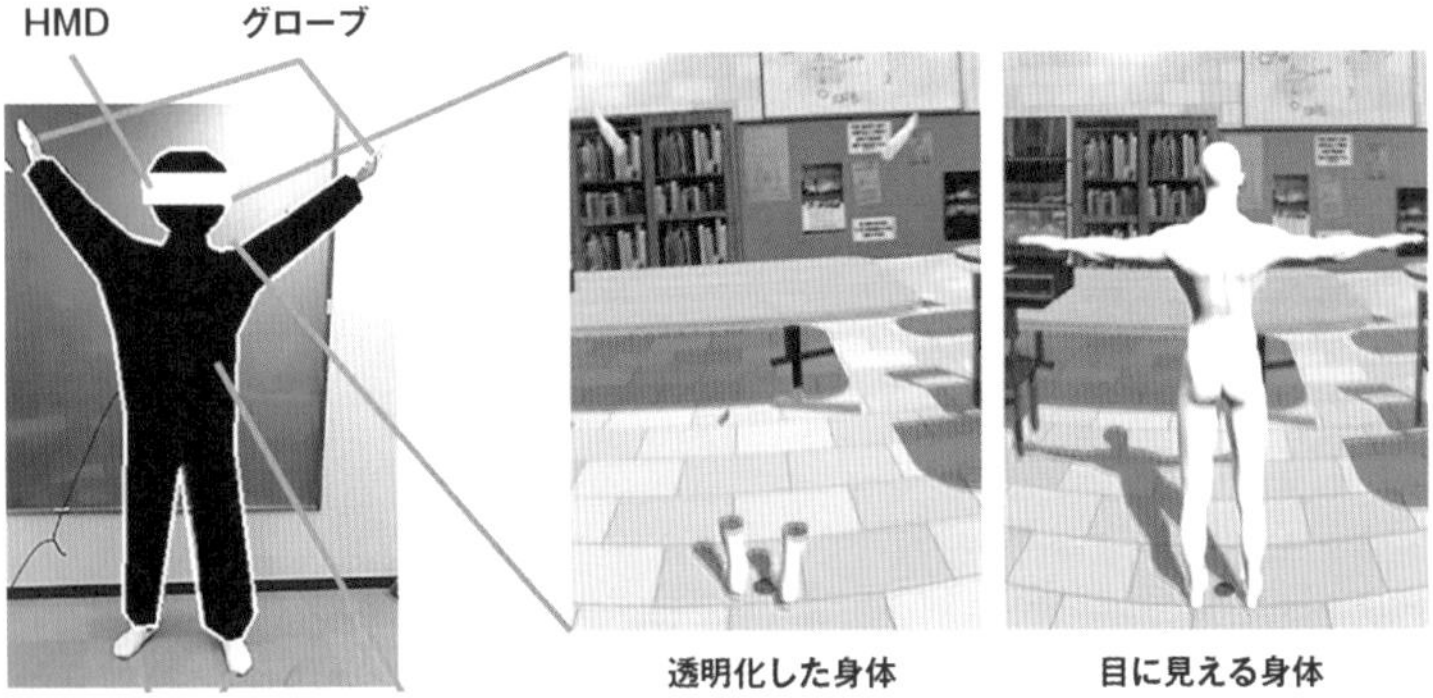

Fig 4 透明な身体に対する所有感を生成した実験の様子（Kondo, Sugimoto, Minamizawa, Hoshi, Inami, & Kitazaki, “Illusory body ownership of an invisible body interpolated between virtual hands and feet via visual-motor synchronicity,” Scientific Reports, 2018 から引用）

研究する手段もありそうです。

身体を消す研究自体は他に例がないユニークなものです。ＶＲで身体を改変するほとんどの研究は手なり足なりを加えるもので、消すとどうなるかを調べる研究は珍しいと思います。２本ある手の１本を消すといったアプローチをとると、倫理面での反発を受ける可能性もあります。社会には、あるものがなくなると不幸だという感覚があるのかもしれません。このような感覚自体も、自在化身体研究によって変わっていく可能性があります。

自在化身体の設計指針

自在化身体プロジェクトでは、身体を消すだけでなく拡張する方向の研究も手掛けています。拡張した身体を操るときに、今ある身体のどこを使うと自然なのかを、ＶＲのアバターを使って調べるのが

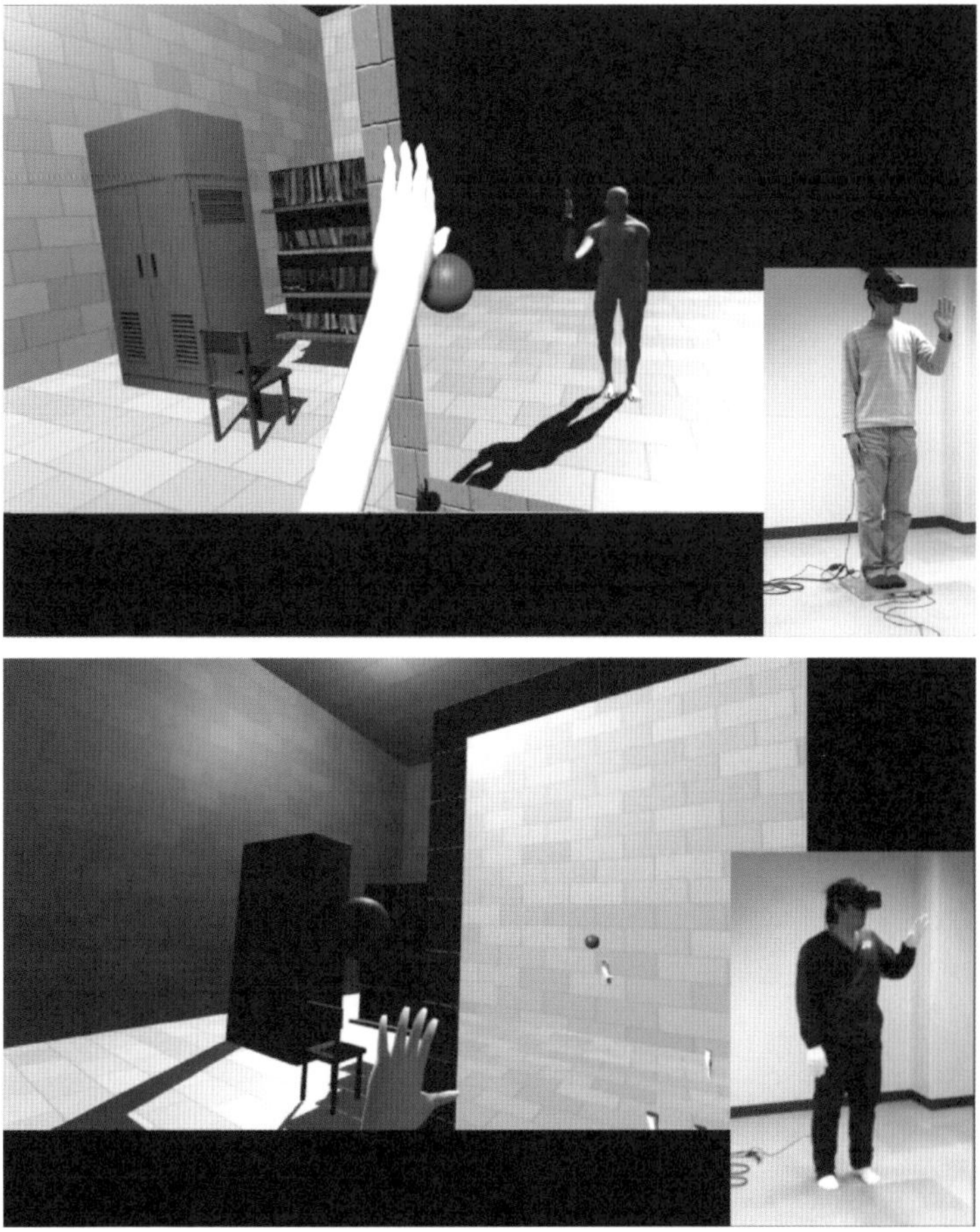

Fig 5　長い腕のアバターを操る実験の様子。長い腕が見えると被験者は違和感を感じる（上）。手の先だけを表示することで違和感がなくなる（下）

我々の担当です。身体の特定の部位を、別の部位に再配置（リマッピング）する方法を探るわけです。リマッピングする際に、どこは変えられてどこは変えられないのか、その理由は何かを研究し、適切にリマッピングするための「文法」と、その背後にあるメカニズムを明らかにする狙いです。

すでに、簡単なリマッピングの原理原則はわかっています。例えば、右手の親指の運動をバーチャルな左腕に対応づけることで、バーチャルな左腕を自分の腕のように感じることを論文として発表しました。[*18] このマッピングが自然なのは、右親指の第一関節、第二関節をそれぞれ左腕の肘、肩に対応づけることで、関節の位置関係などの類似性を保てるからです。

右親指の第一関節、第二関節を、これとは逆に左腕の肩、肘に対応づけたり、左腕の肘と右腕の肘に対応づけたりしても、身体所有感は生じません。右の親指の動きが逆側の左手にマッピングされるのは一見不思議ですが、写真にあるように、両者で関節の動く向きが同じことも大きいと見られます。右の親指と右腕では、関節の動く方向が逆になってしまうのです。

このほか、右の親指を動かしているときには自分の右腕に意識があるため、それとは別にバーチャルな右腕が動いていると、違和感があるのかもしれません。すでにある身体部位の動作と競合（コンフリクト）しないといった条件も、リマッピングの文法の1つといえそうです。現在わかっている原則はまだ単純なものですが、多くの実験を積み重ねることで、リマッピングの法則を体系化していくつもりです。

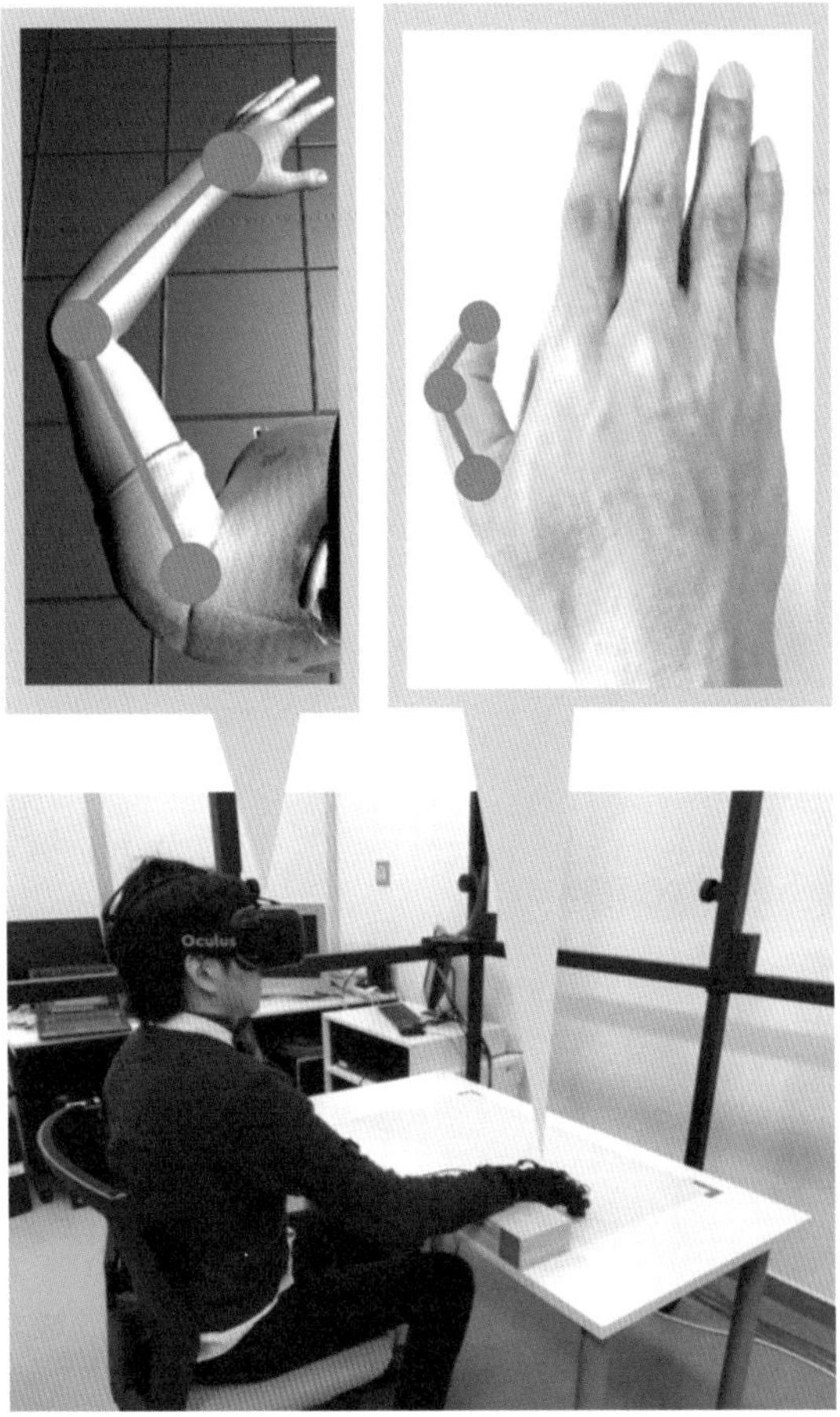

Fig 6　右手の親指をバーチャルな左腕にリマッピングした実験の様子。両者の関節の位置関係や運動方向が同じことがバーチャルな腕の所有感をもたらす

*18 Kondo, R., Tani, Y., Sugimoto, M., Minamizawa, K., Inami, M., and Kitazaki, M. (2020). Re-association of Body Parts: Illusory Ownership of a Virtual Arm Associated with the Contralateral Real Finger by Visuo-motor Synchrony. Frontiers in Robotics and AI: Virtual Environments. doi: 10.3389/frobt.2020.00026

自分の心を変える手段

　VRの中で自由に身体を選べるようになれば、個人の心理面にも大きな影響を及ぼすことは何度も触れた通りです。前述したように、黒人のアバターを使うと、黒人に対する潜在的な偏見が減るという実験結果もあります。そもそも、身体を変えられるという体験を30分間するだけでも、身体にまつわる悩みを抱えた思春期の子どもにとっては、大いに励みになるのではないでしょうか。

　身体を取り替えることに加えて、VRには、もう1つ人々の心に強く働きかける手段があります。第三者の視点で自分を眺める体験です。VR空間の中のアバターとしての自分はもちろん、HMDを通して、外部のロボットなどの視点から自分の肉体を見ることもできます。我々は、ロボットの視点で自分の姿を見ながら、同時にそのロボットを操るという実験を進めています。被験者にロボットの視点を与え、操作を任せることで、自身の身体から「自分そのもの」を分離させようという狙いです。

　実際とはかけ離れた身体をまとったり、外からの視点で自分を観察したりすることは、自身の心を大きく変える契機になり得ます。これらの手段を通じて、自分の心を望ましい方向に変えていくことすらできる可能性があります。例えば、個人が抱える偏見や考え方のバイアスの修正に使えるかもしれません。

　人は歳を重ね成長すると、思考のモードを2つ持つ可能性があります。自分自身の考えを反映する

「一人称のモード」と、世間一般の人はこう考えるだろうと想像する「平均的なモード」です。物事に対して「あなたはどう思うか」と聞くのと「世の中の平均はどう思うか」と質問するのでは、往々にして結果は全く違います。実際には世の中の多くの人が似たような考え方をしている場合も、ほとんどの人が自分は違うと見ていているのです。こうした偏りがあると、ビジネス上の決断などで不利になるかもしれません。VRを使えば、本人の希望に応じてこうしたバイアスを修正できる可能性があります。

もちろん、偏りを正すことが必ずしも幸せな結果を招くとは限りません。社会心理学の分野には、「透明性の錯覚」と呼ばれる有名な現象があります。ほとんどの人は、自分の心の中を他人にかなり読まれていると感じているというものです。他人に優しくしたり、嘘をつかなったりといった人の向社会的な性質は、この現象があるおかげとも考えられます。

実は、詐欺師はこの錯覚を抑制できることが知られています。普通の人なら自分の嘘がバレていると感じるところを、平気な顔をしていられるわけです。VRでこの錯覚を抑え込んでしまうと、社会的な損失につながるかもしれません。

一研究者としては、まず人々に多様な選択肢を用意することが重要だと考えています。新しい身体を持つことで自分の悩みから救われる人が増えるのは素晴らしいことです。その上で、ここで紹介したような危険性があることも、世の中に発信していくことが重要です。自在化身体プロジェクトでは、技術の開発を倫理面での検討と並行して進めることで、両者のバランスをとっています。

リアルな人と同様な関係

自在化身体とVRの技術は、人と人とのコミュニケーションも大きく変える可能性を秘めています。コミュニケーションにおいて身体は非常に重要です。いわゆるノンバーバルコミュニケーション[*19]が果たす役割は大きく、身振り手振りに加え握手やボディータッチなども含めたコミュニケーションは日々の生活に欠かせません。時として身体は言葉よりも雄弁に本人の意図を物語ります。

これまでの研究から、人はバーチャル空間中のアバターに対しても現実空間の人と接する場合と同様に振る舞うことがわかっています。物理的な相手と同様に、会話中の視線を気にしたり、自分に近づきすぎると困ったり、つれない態度を取られて不安になったりするのです。アバターの見栄えが大してリアルでなくても問題ありません。乳幼児が画面上の図形同士の動きを争いだと解釈し、犠牲になった図形に同情を示すと判断できる研究結果まであります。

相手がリアルなロボットでも同様です。我々の研究では、ロボットの指がハサミで切られそうになっている写真を見た被験者は、同様な状況の人の手の画像を見た場合に近い反応を示すことを、脳波の計測から明らかにしました。その後の実験では、バーチャル空間で人やロボットの腕にナイフが刺さる様子を被験者に見せて、同様な結果を観察しています。

これらの研究が示しているのは、人はバーチャルなアバターやロボットとの間でも、リアルな人間と同様な関係を築けるということです。最近の研究では複数の人が同じ目標に向けて作業する場合、それぞれの個人が相手の心的状態を共有し、「we-mode」と呼ばれる認知モードに遷移するとされています。我々は、バーチャルなアバターやロボットなど、自在化身体を通じても、人々はwe-modeを形成できると考えています。[*20]

このモードの形成に対して、自分や相手の外観や行動特性がどう影響する

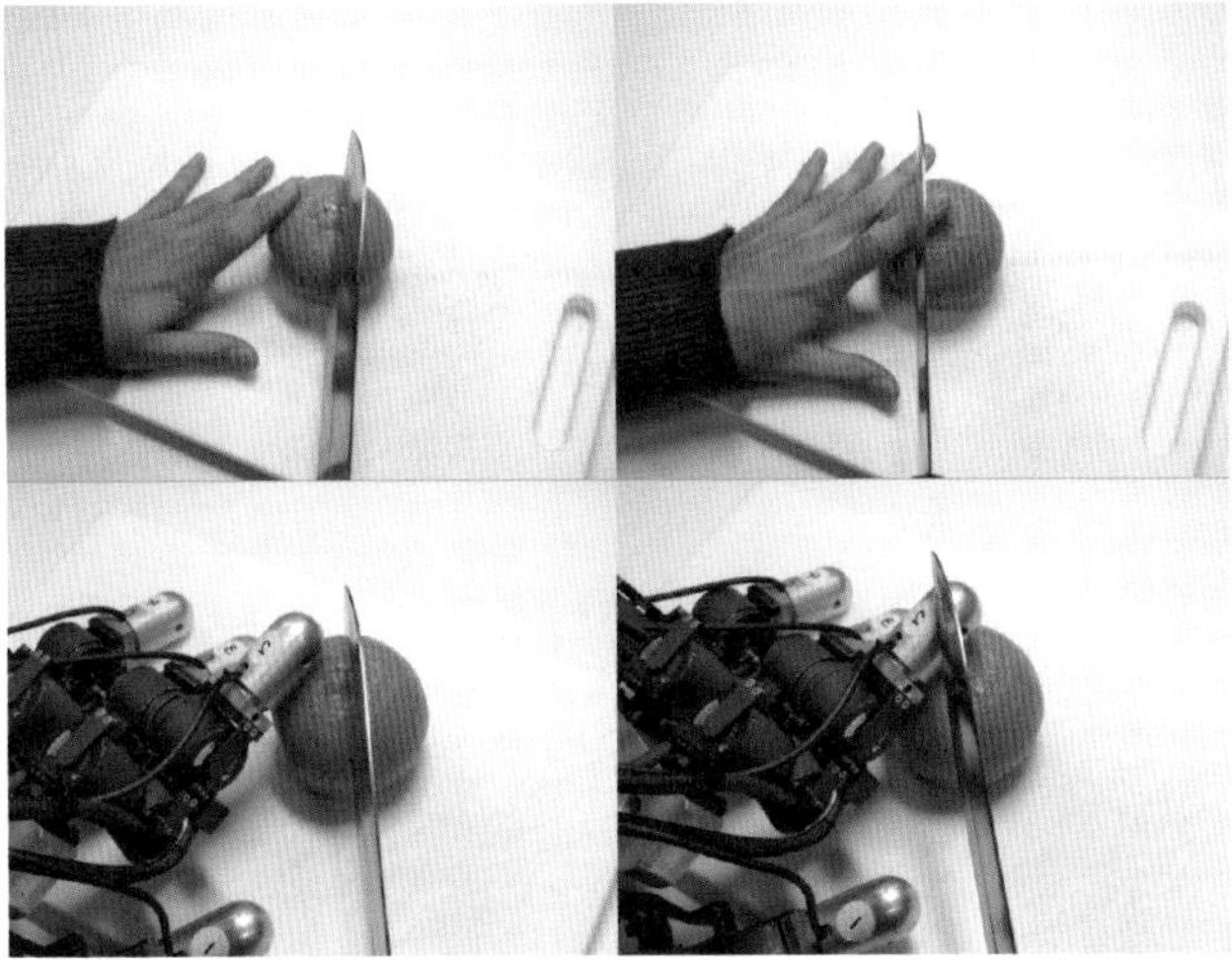

Fig 7　人の手（上）とロボットの手（下）のそれぞれで、痛みを感じさせる写真（右）と感じさせない写真（左）を用意し、それぞれを見た被験者の脳波を計測した。ロボットの写真でも人の写真の場合と同様な共感に関わる脳波の成分を観察できた

*19　手振りや身振り、表情などの言語によらないコミュニケーションのこと。

*20　北崎、「サイバー空間と実空間をつなぐWe-modeの可能性」、『心理学評論』、Vol. 59, No. 3, pp. 312-323, 2016.

かも我々の研究対象です。we-modeの形成を促す身体を適切に設計できれば、リアルな空間の作業を超えた実用性や拡張性を実現できると期待しています。

究極の対話は合体

人の間の究極のコミュニケーション手段は相手と一緒になることだと思います。自在化身体プロジェクトの用語でいえば、いわゆる合体または共有身体化といった状態の実現です。

日常生活の中にも、合体の前段階のような行動があります。手を握るとかハグをするといった体の接触を伴う行為です。社会心理学では、このような行為をすると両者の行動や思考があたかも同期するかのように似通うことが知られています。身体の接触が脳の動きに影響を及ぼすわけです。接触するから同期するのか、そもそも人は同期するようにできていて接触を望むのかはわかりませんが。

現在、アバターの右半分と左半分を別々の人が操作する左右共有身体の研究を進めています。バーチャル空間でボールを触るという単純な課題で、色の違いによって左右の身体どちらが担当するかが変わります。この実験ではアバターが一体になっているだけでなく、実空間でも操作する2人をゴムバンドでピタッとくっつけます。腰も縛って、足も縛って、ちょっとつらい状態です。なお、この方法の効果を調べる対照例として、もう一人の被験者の代わりにマネキンをくっつけた状態でも実験しています。

なぜそこまでするかといえば、もう1人の動きを、身体を通じて感じられた方が、一体感が増すと考えたからです。ただ、今のところ被験者がアバター全体を自分の身体だと感じられるまでには至っていません。それでも、外から見るとアバターの動きに違和感はなく、別々の人が操作しているようには見えないので、一体感を生む可能性は十分あると思います。

サイエンスとしての心理学

こうした実験に対して、2人の体を縛り付けるような方法に、一体どのような応用が考えられるのかと不思議に思う人もいるかもしれません。誤解を恐れずに書けば、この実験は具体的な応用を想定したものではありません。我々の狙いはあくまでも自在化身体を使う人の知覚に関する科学的な知見を得ることであり、応用を考えるのはその先の話です。2人を縛った実験によって、合体をする上でどのようなフィードバックが重要なのかがわかれば、次はそれをユーザーに便利な形で実現する技術を考えればいいわけです。

自在化身体プロジェクトの場合も独自の研究のときも、私は心理学の研究は常にサイエンスだと心掛けて進めています。あくまでも人の行動の背後にある理由やメカニズムを明らかにすることが目的なのです。そのためには、手間は掛かりますが1つひとつ実験を重ねて事実を積み上げていきます。また、サイエンスの研究ではレトリックやトレンドではなく、あくまでも事実で勝負が決まります。

役に立てばメカニズムがわからなくても構わないというわけでもありません。

自在化の研究でも、自在化身体を実現する技術に対して、それを裏付けるメカニズムや機能を科学的に明らかにすることが大切です。それによってさらに技術は発展しますし、安全性を確保することもできます。心理学と認知神経科学は、自在化身体の源泉であり、基礎を支えるものといえます。

相互の理解を促せるか

合体の実験で被験者の2人の行動を見ていると、なかなか楽しげで、微笑ましい気持ちになります。この方法そのままではなくても何らかの形で合体が実現すれば、「伝える」というコミュニケーションの仕方や意味は大きく変化するはずです。自在化身体によるコミュニケーションの変革は、社会に大きなインパクトをもたらす予感がします。

合体など自在化身体の技術は、人の身体や視点を大きく変えることで、これまでになかったコミュニケーションの形を実現できます。コミュニケーションを具体的にどう変えるのかは今後の研究を待つ必要がありますが、社会をより良い方向に進めるために利用することは可能だと思います。

例えば将来の研究では、いわゆる「個」をなくすことはできるかということもやってみたいと考えています。恒久的に個をなくす「没個性化」とか「非人間化」という意味ではなく、複数の人による共有身体として存在している間は個を消して共有身体としてのアイデンティティの確立を目指すといった意味です。

恐らくこのような状態を経験した個人は、人々とより親密な関係を築けるようになると思います。たとえ一時的な体験であっても、それが当たり前になれば、今よりも人々の向社会性や公平性が高まり、集団や公共の利益を優先するように社会のあり方も変わるかもしれません。

もちろん、近代社会は自由意志で活動する個人を前提としており、倫理や責任の概念もそれに基づいています。合体のような手段は、すでに出来上がっている社会システムや倫理感の毀損につながる懸念もあります。全体主義的な状態に陥る危険性にも注意しなければなりません。

かつて、インターネットをはじめとする通信手段の発展で、社会はグローバル化し、世界は均質化するといわれました。実際はむしろローカルなつながりが強化され、ナショナリズム的な志向の人も増えています。局所的な同化がさらに進み、グローバルには対立が激化する可能性もあります。

その背景には、同じ志向や目的を持った人々の紐帯を、インターネットが強める働きがありそうです。直接的な接触がないネットワーク環境でも、同様な狙いで人々が集まるSNSでは、参加する他人同士の考え方が短期間で同調することが可能です。もっとも、目的が近ければ近いほど微小な差が強調される可能性もあって、例えば「アンチ」と呼ばれる現象がそこに起因するかもしれないなど、事はそう単純ではありませんが。

現在の社会で人々の分断が進みつつあるとしたら、コミュニケーション手段としての合体や自在化身体は、それを是正する手段になり得ます。一方でインターネットのように、想像とは異なる向きに社会を仕向ける可能性もあります。分かれ目を決める要因の1つは、人の本質に対する深い洞察でしょう。自在化身体を支える知覚や心理の原理を科学的なアプローチで明らかにすることで、人々の利益に叶う方向へ研究を進めていくつもりです。

3

宮脇 陽一

拡張身体の内部表現を通して脳に潜む謎を暴きたい

Yoichi MIYAWAKI

電気通信大学大学院 情報理工学研究科 機械知能システム学専攻 教授 博士(工学)

電気通信大学 脳・医工学研究センター

JST さきがけ研究者

JST ERATO稲見自在化身体プロジェクト 研究員

Section on Functional Imaging Methods, Laboratory of Brain and Cognition, National Institute of Mental Health, National Institutes of Health

私は人の知覚に関わる脳や神経の活動を研究しており、自在化身体プロジェクトにもこの観点から加わっています。振り返ってみると、今の道に進むことになったきっかけは、大学2年か3年生のころに聞いた、ある国内大手電機メーカーのラジオ・コマーシャルだったかもしれません。目が見えなくてもプレイできるサッカー、いわゆるブラインドサッカー向けのボールを開発したという内容だったような気がします。確か、ボールが音を発して、視覚に障がいがある人にも場所がわかるという話だったと思います。

その時に思いました。目の見えない人をもっと直接的にサポートする方法はないのかと。私が大学を選んだ動機は、高校生のころに話題だった光コンピュータの研究がしたいというものでした。その技術を応用すれば、例えば網膜の代わりになる装置を作り出して、視覚を人工的に再現することも夢ではないと考えたのです。

このころから、知覚や脳の分野に興味を引かれるようになりました。ただし自分の専門として研究するのはしばらく先のことです。学部生として所属したのは、プラズマ物理の研究室でした。物理学にも興味があったので楽しく過ごすことができました。

大学院で脳研究に目覚める

それでも大学院では視覚に関わる研究をしてみたいと考えて東京大学を受験しました。

新たに所属することになったのが東大の舘暲教授[*1]の研究室でした。舘教授はテレイグジスタンスの大家ですが、脳波の研究にも造詣が深く、博士論文ではバイスペクトルという手法を使って脳波を分析されていたほどです。

私が進学した当時、舘教授はテレイグジスタンスやバーチャルリアリティのシステムを使っているユーザーが、それをどれだけリアルに感じられるかを、脳波計（EEG・Electro Encephalo Graph）などの脳の計測手段で推定できるのではないかというアイデアで、研究を始めていらっしゃいました。これは面白そうだと思い、私もその研究を担当させてもらえることになりました。

具体的には、両眼立体視によって生じる脳の反応を調べる実験を進めました。一見乱雑に配置された点群を、寄り目にしたり、色付きのメガネなどを使う工夫をして眺めると立体像が浮かび上がる「ランダム・ドット・ステレオグラム（RDS）」[*2]が題材でした。異なる視覚刺激に対する被験者の脳波の変化を計測し、その結果から背後にある人の神経機構を推定しました。

この一連の研究が、研究者としての私の方向性を決定づけました。脳の状態の計測や、その仕組みを解き明かす面白さにすっかり夢中になりました。ちなみに、自在化身体プロジェクトを牽引する稲見昌彦教授と出会ったのも、舘研究室に加わったときの先輩としてでした。

＊1　前掲（p17）
＊2　ノイズのようにしか見えない点の集まりの画像だが、見方を工夫すると立体画像が浮かび上がる。Bela Julesz が考案。

隠れた謎を知りたい性分

私の研究に関して、「最終的に人間の何を知りたいのか」と聞かれることがよくあります。私はこの問いに対する明確な答えを持っていません。研究者によっては「記憶の仕組みをとことん解明したい」といったような目標があるのかもしれませんが、正直にいえば、私は「これがわかるまで追求する」とか「ここまでできれば十分」といった意味での目標をあまり意識してないのかもしれません。

もちろん専門分野の1つである、見るという体験の解明には非常に興味があります。それでも、「見ることとは何かを突き詰めたいのか」と問われると、やはりよくわかりません。「人の視覚の認知過程を究明し…」とか「人間のようなロボットを作りたい…」とか「研究によって世の中を良くしたい…」など、言おうと思えばいくらでも言えますが、自分の本音は少し違う気がします。

むしろ私が研究に対する意欲を強く感じるのは、具体的な実験を進めているときや、これを知るにはどういう実験が必要かを考えている間です。初めて脳波を計測して波形が見えたときの興奮は今でもよく覚えています。磁気共鳴画像装置（MRI・Magnetic Resonance Imaging）[*3]で測った脳の形状が、画像としてくっきり現れたときの感動も凄いです。一口に視覚といってもわからないことはとても多く、研究のアプローチにもいろんな切り口があります。どんな実験をすれば目的を果たせるのかに思いを巡らすのは、自分にとって純粋な楽しみです。

考えてみると、自分は見えないものを見えるようにすることに興味があるのかもしれません。その意味で、脳ほど中身が見えない対象も、なかなかないでしょう。人の視覚だけを取り上げても、網膜に到達した光の波が神経をどう伝わって、見えるという感覚をどのように誘発するのかと考えただけでも本当に不思議です。脳は私にとって無限の興味を引き続ける存在であり、研究の面白さに飽きることがありません。

理論と実験の両面で

私は脳の隠れた仕組みを探るために、これまでいろいろなアプローチをとってきました。舘研究室で博士号を取った後は理化学研究所の脳科学総合研究センターに在籍し、理論面での解析に従事しました。具体的には、経頭蓋磁気刺激（TMS・Transcranial Magnetic Stimulation）[*4]と呼ばれる手法が、脳に働きかける機序のモデル化です。

TMSは、脳の特定の領域に磁気的なパルスを加えることで、神経細胞（ニューロン）集団の活動

＊3　強力な磁場と電磁波を使って人体の様々な断面を撮像することができる装置。造影剤や放射線を使用しないため人体への負担が少ない。頭部MRIでは脳出血、脳腫瘍、脳梗塞などの疾患の診断が可能。また、血管を描出し、動脈瘤や血管の狭窄を診断することも可能。

＊4　頭蓋骨の外にコイルを置いてヒトの中枢神経を刺激し、非侵襲で脳の神経活動を調べたり、疾患の治療に用いられる装置。1985年、Barkerらが発明。

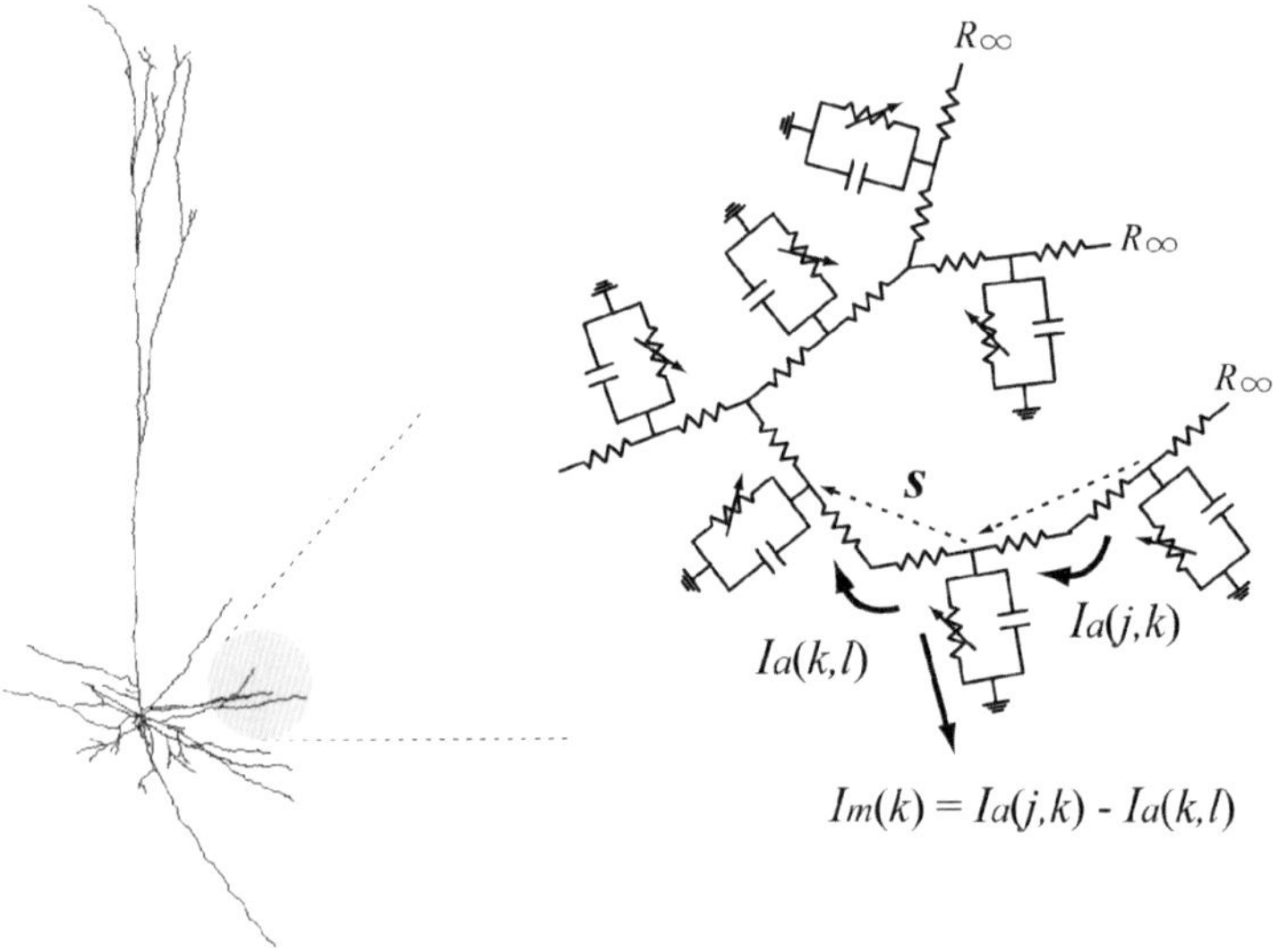

Fig 1　1つの神経細胞（ニューロン）のモデルの例。左側に示したニューロンの模式図のうち、他のニューロンから送り出される入力を受け取る部分（樹状突起）の一部（網掛け部分）の動作を右側に示した電気回路で模倣できる（宮脇、「経頭蓋磁気刺激による視知覚抑制の神経メカニズム」、『日本神経回路学会誌』、Vol.14、No.1、2007. から引用）

を活発にしたり抑制したりできる非侵襲の技術です。脳の研究に加えて神経疾患の治療にも利用され、いずれも有効な手段であることがわかっています。ただし、神経細胞群にどのように作用するのかを詳しく説明する理論がまだありませんでした。我々は、視覚野の神経回路網をコンピューター上でモデル化し、TMSの印加が視覚を抑制する（文字や画像がぼやけたり見えなくなる）仕組みを明らかにしました。

　理化学研究所の後に所属した国際電気通信基礎技術研究所（ATR）脳情報研究所では、実験と理論を組み合わせたような研究に着手しました。人が見ている映像を、脳活動の計測結果から再現する研究にトライしたのです。機能的磁気共鳴画像装置（fMRI・functional MRI）[*5]で検出した信号を、機械学習モデルを用いて画像と対応づける方法で、脳活動の解読（デコーディング）手法の1つです。

それまでのデコーディング技術でできたのは、あらかじめコンピュータが学習した画像のどれかを、脳活動から当てる程度でした。これに対して、我々は学習データになかった他種多様な画像を被験者に見せても復元可能にしました。大雑把にいえば、画像の画素に当たる部分を脳活動から推定し、それらを組み合わせることで元の画像を再構成するわけです。加えて、2秒ごとに得られるfMRIの信号から、被験者の見ている映像を動画として再現することにも成功しました。いずれも世界初です。

これまで手掛けてきた研究は、まだ誰もやっていないテーマが多いと思います。大勢の研究者が群がるような研究領域にはあまり気を引かれないかもしれません。大勢の研究者がやる研究となると、自分がやらなくても誰かがやってくれるだろうと思って、別の研究に興味が移ってしまうのかもしれません。

あるときは神経回路の反応を説明する理論、別の機会には脳活動のデコーディングと、一連の研究には脈絡がなく興味の赴くままに取り組んできたように見えるかもしれません。しかし、自分の中で

＊5　MRIを利用して脳活動の血流動態反応を計測する方法。脳活動を画像化することができる。ニューロイメージングで最もよく使われる装置の1つ。

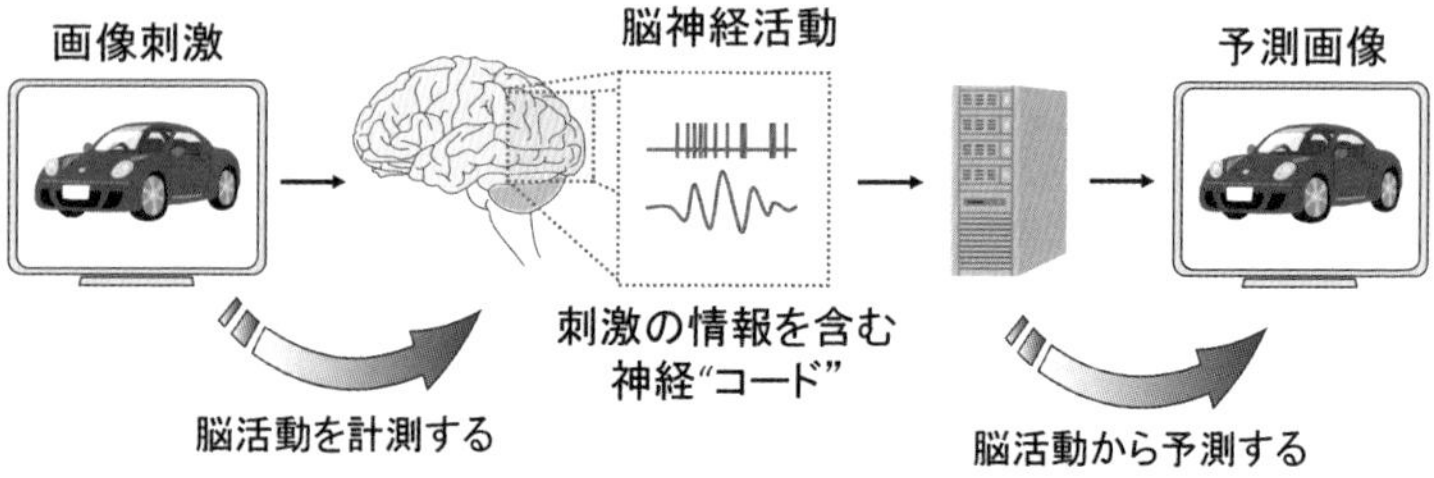

Fig 2　画像刺激を与えたときの脳活動を計測し、その結果を基に元の画像を予測することが可能

は視覚野を中心とした脳の活動を様々な角度から探るという点で首尾一貫しています。さらにいえば、学生の間に脳計測の技術を身につけ、理研では理論や数理モデルを作成する訓練を積むといった風に、その後の研究に役立つ能力を順繰りに築いてきたつもりです。視覚をはじめとする脳のメカニズムの謎に、理論と実験の両面から迫りたいと考えてきました。

とはいうものの、理論と実験のどちらが性に合うかといわれれば、自分は実験派だと感じます。実験を考えたり、実験室にこもったりするのが大好きだからです。米国立衛生研究所（NIH・National Institutes of Health）で研究していたときには、MRIがずらりと並び、1日中実験し放題という最高の環境でした。実験室にいると、事務仕事や電話から逃れられるという面もありそうですが。

自分はもし脳の研究をしていなかったら、ジャングルの奥地や深海6000mといった環境で、ありのままの自然を観察するフィールドワークをしてみたかったという思いがあります。これも、自分の現場好きの性分なのかもしれません。

ツールの整備にも注力

研究を進める上で、新しいツールの開発にも力を入れています。科学の最先端の領域に踏み込んでいくと、往々にして簡単には解けない問題に突き当たります。立ちはだかるハードルの1つがツールで、問題を解くためのツールがまだ存在しなかったりするわけです。

脳活動の解析はまさにそうした状況にあり、ツールが十分に整備されているとはいえません。自ら新しいツールを開発しなければならないことはよくあります。そのツールの開発自体も実は楽しい仕事です。その意味で、私はエンジニア的だと思うこともあります。脳の研究に使うツールの代表例が脳活動の計測手段です。科学の進歩を考えると、計測技術は非常に重要だと考えています。

脳活動の計測には、これまでも様々な手段が使われてきました。前出の脳波やfMRIに加えて脳磁図（MEG・MagnetoEncephaloGraphy）[*6]などもあります。いずれも脳内での活動を調べるものですが、それぞれ測定の原理や特徴が違います。このため活動源の位置を厳密に調べる場合は、組み合わせて使ったりすることがあります。まずMRIを使って脳の大きさ、形、しわの具合など個人によって異なる構造を調べ、その情報も考慮してMEGの計測結果から推定するといった次第です。

*6　脳の活動により生じる磁場を非常に感度の高い超電導量子干渉計を用いて計測する手法。脳研究及び脳外科手術等で病変の位置特定に用いられている。

手法の分類	脳活動の計測			脳活動の操作
手法の名称	脳波	脳磁図	機能的磁気共鳴画像	経頭蓋磁気刺激
英語表記	EEG：ElectroEncephaloGraphy	MEG：MagnetoEncephaloGraphy	fMRI：functional Magnetic Resonance Imaging	TMS：Transcranial Magnetic Stimulation
空間分解能	×	△（脳深部の計測が難しい）	○（脳深部まで高い分解能で計測可能）	×
時間分解能	○	○（ミリ秒単位の現象を計測可能）	△（通常は秒単位の現象まで）	○
手法の概要	脳内の神経細胞の活動に伴って生じる電位を計測	脳内の神経細胞の活動に伴って生じる磁場を計測	核磁気共鳴という現象を利用して体内の様子を画像化する手法の一種で、脳内の血流の状態を計測	パルス状の磁場により脳内の神経細胞を刺激する

Fig 3　脳の実験で利用する代表的な手法の比較

なお、先述のＴＭＳは脳を刺激して反応を引き出す方法で、脳活動を直接計測する手段ではありません。

各種の計測手法の一番の違いは、時間や空間の分解能です。例えば、脳内の血流の状態から脳活動の強さを調べるｆＭＲＩは、血流の変化自体が遅いので、速い現象を追うのは苦手といえます。通常は秒単位の現象しか測れません。ただし、ｆＭＲＩは脳の深部まで空間的に細かい情報を取ることができます。

これに対しＭＥＧは神経活動に伴って生じた磁場の変化を測るので、速い現象を追うのは得意です。一方で磁場を検出するセンサは頭皮の外に置かれるため、空間的には粗い情報しかとれませんし、磁場は距離が離れると急速に減衰するので脳の深いところの信号も測定できません。すなわち、

ｆＭＲＩと比べると、空間的に詳細な情報を得るのは苦手なのです。

ただしこれらの分解能は、信号処理によって改善できると私は考えています。例えばｆＭＲＩが検出する信号の中には、素早い時間変化に対応する成分も含まれているはずです。その成分をうまく抽出できれば、ｆＭＲＩの時間分解能を高めることができます。すでにこれまでの実験で有望な結果が得られています。このほか、ＭＥＧの空間分解能を向上する手段もいろいろ考えているところです。

拡張身体は脳をどう変える

実は稲見教授の自在化身体プロジェクトに加わった動機の1つも、こうした研究が知られざる脳の知見を掘り起こす手段として有望だと考えたことでした。脳は、それ単独では存在できません。身体あってこその脳のはずです。自在化身体プロジェクトでは、拡張した身体との相互作用という観点から、他の手法では得難い新たな知見が見つかるはずだと大いに期待したのです。

我々が担当する研究テーマの1つは「6本目の指（Sixth Finger）」です。被験者の手にロボットの指を取り付け、あたかも6番目の指のように慣れ親しんだときに、脳の状態がどう変わるかを調べるというものです。自分の身体を人工的に拡張したときの脳の反応を見るわけです。

脳には可塑性があるので、人はこの状態に適応できるのではないかと考えています。ただし、どのような仕組みで新しい身体を受け入れるのか、あるいは身体の拡張を許す可塑性の限界がどこにあるのかは全く知られていません。それを探ることは、自在化身体を設計する上で役に立つだけでなく、脳の構造や機能の知られざる側面に光を当てることになるわけです。

これまでも、人の感覚を改変したときに脳がどう変わるかを調べた例はありました。例えば視覚の研究では、外の世界が逆さまに見えるメガネをずっとかけて過ごし、この状況に順応した脳の活動を計測する実験などがあります。ただし人の身体や感覚を追加したときにどうなるかを体系的に調べた研究の前例はほとんどないと思います。

当面の研究対象は、指のように、自分で動かせる身体部位の拡張です。これに対して、視覚などの感覚を増やしたときに、脳がどうなるかにも興味をそそられます。例えば稲見先生が関わっていた研究として、頭にかぶるディスプレイ（HMD・Head-Mounted Display）の画面上に自分の前と後ろの景色を重畳して同時に見ることができる「スパイダー・ビジョン」と呼ばれるものがあります。それを身に付けたユーザーの脳活動がどうなっているのか、機会があれば調べてみたいところです。

まず身体の拡張を選んだのは、感覚の追加よりも人にとって受容しやすいと考えたためです。人の身体は、成長によって変わることが前提だからです。子供から大人になるにつれて身体の寸法は大きく拡大し、自分にできることも変わってきます。指の数が増えたりするのは似て非なる現象ですが、自分の身体が成長した場合と似た仕組みで順応する可能性があるかもしれません。

BMIから拡張身体へ

6本目の指は、稲見教授から自在化身体プロジェクトへの参加を打診される前からフランス国立科学研究センター（CNRS・Centre National de la Recherché Scientifique）[*7]主任研究員のゴウリシャンカー・ガネッシュ（Gowrishankar Ganesh）と一緒に進めてきた研究です。きっかけは、先に述べた脳活動のデコーディングの応用を考えていたときの閃きでした。

脳活動のデコーディングを研究していると、人が頭の中で思うだけでコンピュータなどを操作できる、いわゆるブレイン-マシン・インタフェース（BMI）に使えないかとよく聞かれます。確かにBMIは有望な用途であり、実際にデコーディング技術を応用した開発が、主に病気などで身体を自由に動かせない人たち向けに進んでいます。一方で普通の人が気軽に使えるBMIも検討されてはいますが、単に情報機器などを使えるだけではありきたりです。何かいい用途がないかと思っていたときに、義手の研究をしていらっしゃる電気通信大学の横井浩史先生と議論していて思いつきました。通常の身体にプラスした何かをBMIで操れるようにすれば、面白い研究になるのではないかと。そこから発展したのが、身体の拡張の研究です。

*7　1939年設立のフランス最大の政府基礎研究機関。現在の教職員総数は3万1637人にのぼる。

身体の拡張に目をつけた背景には、私自身が以前から人の機能を機械によって強化することに興味を持っていたこともあるかと思います。大学院で東京大学に移ったのは、舘研究室が所属する計数工学科では、サイバネティクス関連などの面白そうな講義や研究があったことも理由の1つでした。サイバネティクスとは、ノーバート・ウィーナーが提唱した通信や制御工学、機械工学と、生理学などを統合した学問分野のことであり、「操舵」に語源を持ちます。サイボーグやサイバースペースなどの言葉の由来にもなっています。当時から機械による人間の拡張に心を惹かれていたわけです。

改めてその理由を考えると、サイボーグのような存在に子供のころから漠然と憧れていたことに加えて、突き詰めると人間とはある種の機械であり、だとすれば機械によって拡張できるという考えがあったと思います。学生時代から関心を持っていた物理学は、単純にいえば物事を要素に還元して理解できるとみる還元主義の立場をとります。その見方からすると、人も細胞や臓器といった部品から構成される機械と見なせるわけです。我々の取り組みも含めて、拡張身体の研究の背景には、このような人間観があるのかもしれません。

自分の身体と感じられるか

6本目の指の研究は、ガネッシュや私の研究室の学生たちと協力して進めています。体性感覚の専門家で実験が得意なガネッシュの知識と、脳計測や信号処理に関する我々の知見を持ち寄った形です。

現状の実験では、手のひらの小指の外側にサーボモータで動く人工の指を追加して、被験者の反応を確かめています。被験者の腕に付けたセンサが筋電信号を検出すると、機械の指が動く仕組みです。

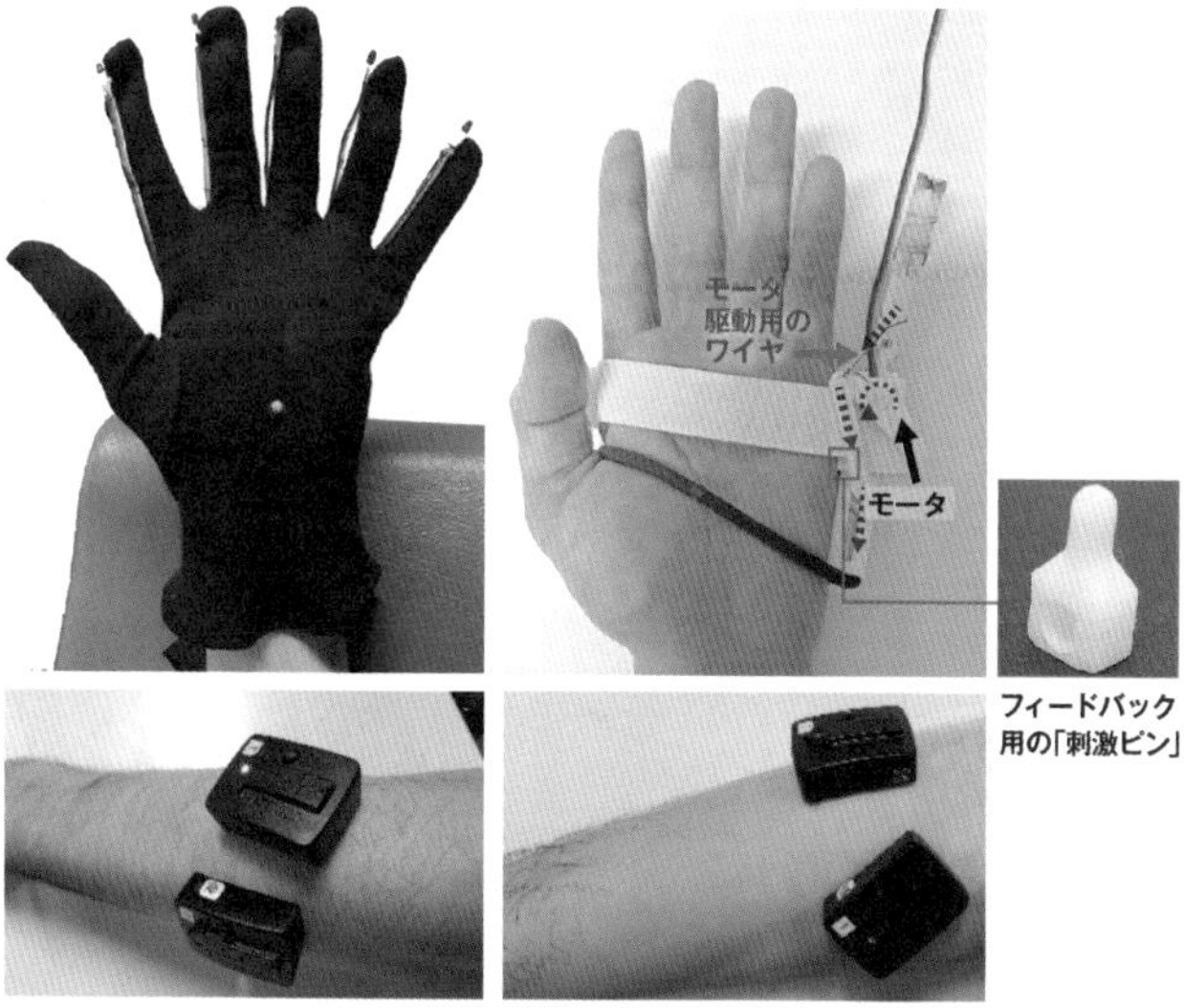

前腕に取り付けた筋電センサ（4箇所）

Fig 4　6本目の指の実験に使った装置

被験者が指を動かさずに前腕に力を入れたときの筋肉の状態をトリガーにして、モータが動き指が曲がります。この指には「刺激ピン」と呼ぶ部品が付いていて、指が曲がると手の側面をこすって被験者に知らせます。

この仕掛けを使った実験で、被験者が「行為主体感（sense of agency）」を得られるか、刺激ピンによるフィードバックはどれほど有効かといった点を調べています。これまでに、被験者に6本目の指を動かす練習を1時間くらいしてもらい、その前後で行動がどう変わるかを確かめています。

脳活動にどのような変化があらわれるか

人の脳には、身体の部位と一対一に対応する、地図のような領域があることが知られています。感覚が細やかなほど広い面積が割り当てられ、人の見た目をデフォルメしたような配置をしていることから「ホムンクルス（小人）」[*8]などと呼ばれます。つまり、身体からの入力を処理する脳の部位は、あらかじめ一対一に割り当てられているわけです。だとすると、新たに指を追加したとき、対応する脳の部位はどこになるのでしょうか。

我々は、現在研究用に広く普及している装置の2倍以上に当たる7T（テスラ）もの磁場を発生して、非常に高い空間分解能や信号対雑音比（S／N）を実現できるｆＭＲＩ装置を使って、被験者の脳活動を調べています。近い内に、こうした実験の結果もご紹介できるときがくると思います。

少し似た動機の研究として、先天的に指が6本ある人の脳活動を調べた例がすでに報告されています。この人の6番目の指は、物理的には親指と人差し指の間にあります。ところが脳活動を計測すると、対応する脳活動は、親指の外側に似ているとなるのです。こうした結果と我々の実験との比較をするのも興味深いと考えています。

人の身体の編集原理も

我々の当面の目標は、人が6本目の指に順応する脳のメカニズムの解明や、例えば腕を追加する場合に何本までなら受け入れられるのかといった自在化身体の限界に関する知見の獲得です。6本目の指だけでなく、腕を追加する「メタリム（MetaLimbs）」など、他の自在化身体についても脳計測や神経科学の視点から検討を加えていこうと思っています。

その先にある最終的なゴールは、神経科学に基づく自在化身体の設計論の確立です。脳の特性から考えて、人にとってなるべく自然でなじみやすい身体の設計手法があるはずです。例えば現在の6番目の指は小指の外側につけていますが、前述の先天性の人がそうだったように、親指と人差し指の間に設けた方がいいのかもしれません。関節の数や操作方法などにも複数の選択肢があります。個人差の影響も気になるところです。いずれ6番目の指やメタリムなど、様々な身体部位の設計手法がわかってくれば、それらの共通要素を基に人の身体の編集原理を見出すことも可能だと思います。

自在化身体の実用化を進める上では、拡張した身体をどこまで器用に扱えるのかという観点もあります。今のところ自在化身体を使ってどれほどの作業をこなせるようになるかは未知数で、こちらも

＊8　カナダの脳外科医ペンフィールドがヒトの大脳皮質部位と運動や体性感覚の対応関係をまとめたデータに基づいて描いた「こびと」のような図のこと。

興味深い研究テーマになるでしょう。

例えば米ＭＩＴ（Massachusetts Institute of Technology）が開発した、人工指を手首に２つ追加する技術では、増設した指でペットボトルを押さえながら自分の手でキャップを開けたり、前者でコップを保持しつつ後者がストローでかき混ぜたりといった様子をビデオで紹介しています（http://news.mit.edu/2014/getting-grip-robotic-grasp-0718）。

バーチャル脳を研究ツールに

新型コロナウイルスの流行以降で困っているのは、ｆＭＲＩを使った脳活動の計測がしづらくなったことです。今後の状況がどうなるかは全くわかりませんが、これからは直接脳を計測できる機会が以前よりも減ることを覚悟した方がいいのかもしれません。こうした制約の中でも、それを乗り超える手段を考えていく必要があるでしょう。

本稿で説明したように、私のこれまでの研究テーマの１つは脳活動のデコーディングです。デコーディングでは、ｆＭＲＩなどで捉えた脳活動の計測結果から、それを引き起こした画像などを推測します。

画像などの刺激をｓ、脳の反応の計測結果をｒとすれば、デコーディングとは、ｒが得られたときに元の刺激がｓである条件付き確率分布Ｐ（ｓ|ｒ）を元にｓを推定することに相当します。これとは

逆に、刺激sに対する脳活動の計測結果rの条件付き確率分布P（r|s）を求めることも可能です。これは、刺激sを提示すると脳活動rに変換（エンコーディング）する「バーチャルな脳」のモデルをコンピュータ上に作成することに相当します。すでにこうした研究は大きな成功を収めており、良い精度で脳活動を予測することができることが多くの研究で示されています。[*9]

バーチャルな脳のモデルを作ることができれば、研究を加速する有力なツールになるかもしれません。例えばどういう条件の実験では、どのような脳の反応が期待できるかをあらかじめ予測できるようになるからです。あくまでもモデルなので、実際の脳計測と比べて不十分な部分も出るかもしれませんが、仮説の事前検証や実験条件のスクリーニングなどに大いに役立つはずです。さらには脳のモデルを操作し、稲見教授が提唱する「ウィーナー界面」を変えた状態を作り出して実験するといったことも可能になるかもしれません。

現在、視覚などの研究分野では脳活動を計測する実験手順の標準化や、データの公開・共有が世界的に進んでいます。この状況を活用すれば、バーチャルな脳のモデルの作成はある程度の精度で可能であるかもしれません。ただし、自在化身体については測定データの蓄積がこれからなので、この方

---

*9 Kendrick N Kay, Thomas Naselaris, Ryan J Prenger, Jack L Gallant, "Identifying natural images from human brain activity," Nature, vol. 452, pp. 352-355 (2008).
Shinji Nishimoto, An T Vu, Thomas Naselaris, Yuval Benjamini, Bin Yu, Jack L Gallant, "Reconstructing visual experiences from brain activity evoked by natural movies," Curr Biol, vol. 21, pp.1641-1646 (2011).

向の研究にすぐにたどり着けるわけではありません。自在化身体に対応したバーチャル脳の作成は、未来に向けた大きなテーマのひとつとなりえるかもしれません。

新型コロナの件に限らず、研究を進める上で不測の事態に突き当たることは珍しくありません。そんなときに創造的な打開策を見つけ出し、不利な状況を逆に味方につけるほど活用することも、研究者の腕の見せ所であり、醍醐味であると考えています。

4

G・ガネッシュ

自在化身体は第4世代ロボット

神経科学で境界を超える

Ganesh.G

フランス国立科学研究センター（CNRS）主任研究員 博士（工学）

産業技術総合研究所（AIST）、ATR脳情報通信総合研究所 客員研究員

JST ERATO稲見自在化身体プロジェクト システム知能・神経機構グループ グループリーダー

私はインドの出身です。その関係もあってか、「日本語の『自在』の語源はサンスクリット語の『イスワラ（Ishvara)』にある」という話題で、稲見自在化身体プロジェクトの研究者と盛り上がったことがありました。日本語の「自在」はもともと仏教の言葉で、稲見昌彦教授の著書によれば「なにごとも思うがままになし得る能力」という意味があるそうです。[*1] 仏教の伝統を遡ると、サンスクリット語の言葉に行き着くのでしょう。Ishvara は古くからある単語で、私も完全に理解しているわけではありませんが、例えばヒンドゥー教の神様全般を指すために使います。神様のように何者にもとらわれない振る舞いというニュアンスが、日本語の「自在」につながったのかもしれません。

私が Ishvara と聞いてイメージするのは、精神（spirits）と意識（consciousness）の中間のような存在です。ヒンドゥー教では、人が死んで身体がなくなっても魂は存続し、身体を変えて生まれ変わると考えられています。その魂に当たるのが Ishvara です。つまり Ishvara は、自分の実体は変わらずに場面に応じて様々な身体を使い分ける存在を示唆しているともいえます。これは、自在化身体プロジェクトで我々が目指す姿と似ています。私たちは、人々がロボットやバーチャル空間のアバターといった多種多様な身体を、自分の物理的な肉体と分け隔てなく利用できる世界を実現したいと思っています。

他の身体との境界をなくす

ロボットやアバターをあたかも自分の身体であるかのように操るためには、これらの人工物と人の間にあるバウンダリー（境界）を見えなくしていくことが重要です。現在、人がロボットなどを扱う際には両者の間のバウンダリーは明確で、何らかのユーザーインタフェースを通して人が操作します。マウスでアバターを動かしたり、ジョイスティックでロボットを操ったりするイメージです。

これに対して自在化身体プロジェクトが取り組む「Metalimbs（メタリム）」などの研究では、ロボットと人間が物理的につながっています。どこまでが人間で、どこからがロボットかが曖昧になりつつあり、ある意味でバウンダリーが消えかかった状態です。我々も電気通信大学の宮脇陽一教授らのグループと協力して、人の手にロボットの指を追加し、指が1本増えたように感じさせる「6本目の指（Sixth Finger）」の研究を進めています。この方向を突き詰めて、バウンダリーが完全になくなった世界が自在化の究極の姿なのかなと私は理解しています。

アバターやロボットなどと人の間のバウンダリーは2種類あります。フィジカルバウンダリー（物理的な境界）とメンタルバウンダリー（心理的な境界）です。フィジカルバウンダリーは、言葉の通

＊1　稲見昌彦、『スーパーヒューマン誕生！　人間はSFを超える』、ＮＨＫ出版新書（2016）。

りMetalimbsなどの物理的な人工物と、生身の人間との境目のことです。自在化身体プロジェクトでは、人工物を身体に密着させ、自然な操作感やフィードバックを持たせることで、フィジカルバウンダリーを感じさせない技術を開発しています。実は、フィジカルバウンダリーを無化する鍵を握るのがメンタルバウンダリーです。メンタルバウンダリーとは、心の中で自分の身体とみなしている範囲を表す境界のことで、人にとってはメンタルバウンダリーの方がより根源的といえます。

実際、物理的な人工物でフィジカルバウンダリーを文字通り越えようとすると、技術は侵襲的(invasive)になる可能性があります。身体の内部にまで人工物を挿し入れて、人と機械を物理的につなごうという考え方です。この発想を突き詰めると、物理的に拡張した身体を、脳に挿した電極につないで直接操作させる方法に行き着きます。この方向を目指した研究はBMI(Brain-Machine Interface)と呼ばれ、医学分野を中心に既に検討が進んでいます。脳内の神経細胞からの信号検出などが可能なデバイスを開発中の企業がいくつもあります。

しかし、侵襲的なBMI技術は当面は身体を動かせない病気を患った人などの治療向けです。脳から獲得した信号の意味の解析(デコーディング)や、脳にどのような刺激を与えると何を伝えられるのかなど、機械を自在に操る手段にするには、解決すべき問題が無数にあります。いずれはこうした技術が当たり前になる日が来るのかもしれませんが、現在の進歩のスピードから考えると、多くの人が日常的に使うまでには数十年単位の時間がかかるでしょう。

心や社会に受け入れてもらう

我々は、そこまでしなくてもいいと考えています。拡張した身体を自らの一部と感じられる、もっと身近な手段があるからです。ここで登場するのがメンタルバウンダリーです。人と人工物のフィジカルバウンダリーが残っていても、メンタルバウンダリーを消すことができればいいわけです。

私の成果も含めた最近の研究から、人が自分の身体をどのように捉えているのかが科学的に解明されつつあります。人間の脳には、自分の身体とその境界を定義する特定の「身体モデル」があり[*2]、それが私たちの知覚[*3]、行為や振る舞い[*4]に影響を与えることがわかってきました。つまり、この身体モデルに人工物をうまく取り込むことができれば、人はそれを自身の身体の一部とみなせることになります。

＊2 M.R. Longo, F. Schüür, M.P.M. Kammers, M. Tsakiris, P. Haggard (2008). What is embodiment? A psychometric approach. Cognition, 107(3), 978-98.
L. Aymerich-Franch, G. Ganesh (2015). The role of functionality in the body model for self-attribution. Review in Neuroscience Research, 104, 31-37.

＊3 O. Blanke (2012). Multisensory brain mechanisms of bodily self-consciousness. Nature Review Neuroscience, 13, 556-71.
M. Botvinick, J. Cohen (1998). Rubber hands “feel” touch that eyes see. Nature, 391, 756.

＊4 M. Botvinick, J. Cohen (1998). Rubber hands “feel” touch that eyes see. Nature, 391, 756.
L. Aymerich-Franch, D. Petit, A. Kheddar, G. Ganesh (2016). Forward modelling the rubber hand: illusion of ownership reorganizes the motor-sensory predictions by the brain. Royal Society Open Science 3(8), 160407.

通常、人の身体モデルは、Metalimbsなどの人工物を含みませんから、これらを装着した当初は違和感がありますし、とても自分の身体とは感じられません。ただし身体モデルには可塑性があって、使ううちに人は慣れることができます。よく使う道具が、身体の一部のように馴染んでくるのと同様です。心理学の実験では、被験者に適切な刺激を与えることによって、ゴムで作った手（ラバーハンド）を自分の手と錯覚させられることさえわかっています。

もちろんMetalimbsなどは普通の道具よりずっと複雑な動作をしますし、自動で動かすこともできるので、身体の一部と感じてもらうためには工夫が必要です。人工物を身体モデルに適合しやすいように設計する手段は、自在化身体プロジェクトの目標の1つです。

我々はその先も見据えています。Metalimbsを人が自分の身体とみなせるかどうかと、Metalimbsを装着した人を周囲の人が受け入れるかどうかは全く別の問題です。Metalimbsを自在に操る人物がいきなり街中に登場したら、不安に感じる人が少なくないでしょう。拡張した身体をどのようにして社会に受け入れてもらうのかも、自在化技術の大きな課題です。

他者との境界も曖昧に

今後は自分と人工物の間だけでなく、自分と他者の間にあるバウンダリーに注目することも重要になると考えています。自在化身体プロジェクトでも「合体」という概念で、自分と他者のバウンダリーを曖昧にしようという発想があります。よりよい共同作業の実現といった手近な応用を追うだけにとどまらず、共同体や社会のあり方を変える手段にもなりうる、射程の長い研究と捉えています。

現在でも、人は特定の他人との間で通常よりも強い絆で結ばれ、あたかも自分の分身ともいえそうな心理状態を形成しています。例えば自分の子供やスポーツのチームメイトに危害を加えられたら、あたかも自分が傷つけられたように痛みや憤りを感じます。こうした関係では、自身と他者の間のバウンダリーは普通よりも薄れていると考えられます。

私自身の研究からは、他者との関係が人の行動に様々に影響することがわかっています。ある実験では、ダーツが得意な人に初心者がダーツをするところを見せて、どこに当たるかを予測してもらいました。その結果、うまく予測ができるようになるにつれて、上手だったはずのダーツが下手になってしまうのです。[*5] この結果は、他人の行動を予測する脳内の仕組みが、自分の運動を司る仕組みと関係していることを表しています。ちなみに、先述の親と子供やチームメイトの間など、親しい間柄の人ほど行動の予測は容易になります。

別の実験では、モニター上で動く点をマウスカーソルで追いかけてもらう作業をするときに、1人

---

*5 T. Ikegami, G. Ganesh (2014). Watching novice action degrades expert motor performance: Causation between action production and outcome prediction of observed actions by human. Scientific Reports,Doi: 10.1038/srep06989.

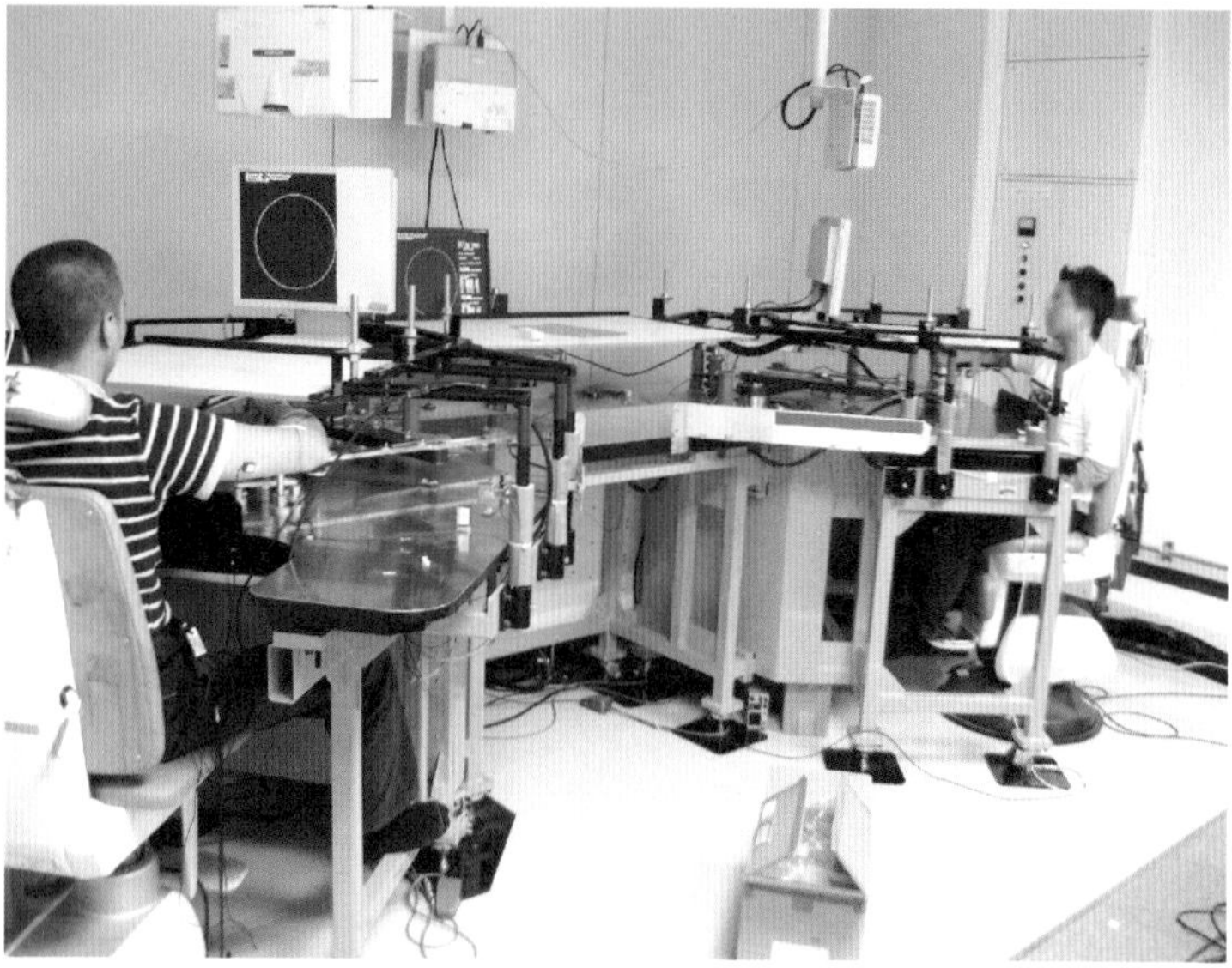

Fig 1　ロボットハンドを介してカーソルを動かし、画面上の点を追ってもらう実験。もう 1 人の腕の動きが、あたかも「バーチャルなゴムバンド（virtual elastic band）」でつながれたかのような感覚で伝わるようにした。筆者が ATR 在籍時に実施した（https://news.cnrs.fr/articles/takes-two-why-we-learn-betertogether から引用）

でやってもらう場合と、同じ作業をする別の人の動きを腕に感じながらやる場合でどう結果が変わるのかを調べました。普通のマウスの代わりにロボットハンド[*6]を掴んでカーソルを動かしてもらうことで、ロボットハンドを通じて相手の動きが伝わる仕組みを使いました。あたかも両者の腕をバーチャルなゴムバンド（virtual elastic band）でつないだような格好です。ただしそれぞれの被験者は、自分の手に力が加わるように感じるものの、それが他者の手の動きだと気づく人はほとんどいませんでした。

この実験の結果、相手の動きが伝わる場合の方が、被験者は短い時間で作業に慣れることがわかりました。しかも、相手が作業が上手な場合だけでなく、下手な場合でもやはり学習の効果が高まるのです。[*7] さらに興味深いことに、つながる相手をロボットにすると学習の効果は弱く、相手が人である場合だけ高い学習効果を得られました。

こうした人の行動の背景には、特定の心理的・神経科学的な仕組みがあります。それを解明することが、よりよい共同作業の仕方や「合体」の実現、引いてはよりよい社会をつくるヒントになると考えています。

あり得ない状況にも適応

Metalimbs のような自在化身体や、合体のような特殊な状況にも人が適応できるのは、人間の脳が極めて柔軟で、普通はあり得ない状況でも学習によって慣れることができるからです。しかも学習は無意識のうちに進みます。人のメンタルバウンダリーを広げる手段の1つは、この特性を理解し、

＊6 被験者が握るのは棒状のハンドルだが、その背後にロボット機構があって、外部から力を与えたりできる仕組み

＊7 G. Ganesh, A. Takagi, R. Osu, T. Yoshioka, M. Kawato, E. Burdet (2014). Two is better than one: Physical interactions improve motor performance in humans. Nature Scientific Reports 4.doi10.1038/srep03824.

活用していくことです。

我々は普段、自分の身体は自分自身が操っていて、それを意識してもいると思っていますが、必ずしもそうとは限りません。このことは、脳の性質を調べたいくつもの実験から明らかです。脳の特質を表すものとして学生にもよく話す例に、プリズムメガネをかけた実験があります。プリズムを組み込むことで物理世界の像がずれて見えるメガネで、実際はA点にあるものがB点に、B点にあるものがC点にあるように見えます。

このメガネをかけた状態で被験者にA点を触ってくださいと指示しても、最初はビックリしてうまくいきません。ところが3~4回もチャレンジすると、人はこのズレに適応してすぐ触れるようになります。さらに面白いことに、メガネを外してすぐにA点を触ってくださいと頼んでも、メガネを外したことがわかっているにもかかわらず、さっと触れないのです。被験者はちょっと混乱して、元に戻るのに少し時間がかかります。

人は、見た物に触る行為をほぼ無意識に実行できます。これは周りにある物の位置関係が頭の中にマッピングされており、触ろうとするものの位置データを、手の動きに自動的に変換できるからです。この仕組みが新たな状況に素早く適応できるからこそ、メガネをかけて数回で、被験者はズレに対応できるわけです。ただしこの仕組みは無意識の領域にあるため、メガネをかけていないことを意識するだけでは、変えることができません。だから被験者が再び元の状態になるまでにしばらく時間がかかるのです。

もっと身近な例に「エスカレータ・イルージョン」という現象もあります。止まっているエスカレータに乗ると、すごく変な感じがするあれです。エスカレータに乗る人はみな無意識のうちにエスカレータは動くものと仮定し、その動きに合わせているからです。エスカレータを見た瞬間に身体が無意識に動くものに乗る準備をするので、止まっているとすごい違和感が生じます。

エスカレータの利用は人類の歴史上すこぶる最近の出来事です。ですからこの能力は、人にアプリオリ（生得的）にあるわけではなく、生後の環境で学習して獲得した能力と思われるところも面白い点です。

証明できない神経科学

このような無意識の学習の仕組みを科学的に調べるのが、私の専門分野の1つである神経科学（ニューロサイエンス）です。神経科学は人の脳や神経系を科学的に調べる非常に幅広い分野で、中でも私は人の運動制御や運動の学習といった点を主に研究しています。運動の際の身体や筋肉の動きは、生理学や生体工学（バイオエンジニアリング）の領域で随分前から研究されてきましたが、人がいかに運動技能（モータスキル）を獲得するのかを脳と関連付けて調べるようになったのはごく最近で、とても刺激的な研究分野です。

神経科学を実用的な機器に応用するには、工学（エンジニアリング）との連携を図る必要がありま す。ところが神経科学と、ロボットなどを扱うエンジニアリングの分野には、見過ごせない考え方の違いがあります。例えば工学でロボットなどを制御する場合は、動作の基礎となる理論が数学的に証明できることが基本です。ロボットがおかしな挙動をして問題を起こさないようにするためです。ところが神経科学の成果には、論理的な証明の概念がありません。脳の動作を厳密に説明できる理論の体系がまだきちんと確立していないため、証明しようにもできないのです。

実際、神経科学の論文では、結論が推論になっているものが多数あります。主な論拠として、統計的に処理した実験結果に頼るためです。エンジニアにこれらの論文を見せるとイライラされることがあります。論文に筆者のアイデアを裏付ける実験結果はあっても、正しさを証明できない限り、どうしても作為的なデータを使っているとの指摘を免れません。神経科学の論文は、常に別のデータで主張を覆される可能性と裏腹なのです。

ただし、たとえエンジニアが納得しなかったとしても、神経科学の成果は有用であり、人と協働する機械の設計にヒントを与えてくれます。ロボットへ応用する視点から、正しい問題設定や研究結果を選び、人間の特徴や制約を理解することが大切です。それができれば、神経科学が機械を改良する有効な手段になることは、我々の研究が示している通りです。

恐らく現在の神経科学は、200年ほど前の物理学と似た段階なのではないでしょうか。神経科学の研究者は、様々な立場かつ色々な角度から実験・計測して、バラバラのデータを集めている状況といっていいと思います。物理学における相対性理論のように、脳や神経系全体を統合するような理論がいずれは登場するでしょうが、まだその見通しは立っていません。現在の状況を前提に、神経科学者とエンジニアの間を取り持つ方法を考えるしかありません。

その点で私は両者の仲介役ができる立場にあります。神経科学と工学の両方を経験してきたからです。神経科学の研究に携わる前は、ロボットの制御に取り組んでいました。

私と同様、自在化身体プロジェクトには複数の分野を専門とする研究者がたくさんいます。例えば6本目の指の研究で協力している宮脇教授は、視覚に関わる神経科学に加えて、信号処理など数学的な研究も得意です。多彩な人材が、神経科学や心理学、工学といった異分野の垣根を越えて力を合わせていることは、間違いなく自在化身体プロジェクトの強みです。

人とロボットで似た研究テーマ

ロボットの制御を研究していた私が神経科学の分野に加わったきっかけは、修士課程の途中で参加したあるプロジェクトです。京都の国際電気通信基礎技術研究所（ＡＴＲ・Advanced Telecommunications Research Institute International）とスイス連邦工科大学ローザンヌ校（ＥＰＦＬ・École Polytechnique Fédérale de Lausanne）の共同研究で、私は磁気共鳴画像装置（Ｍ

RI）の中で使える実験用ロボットの制御を担当しました。強力な磁石を使うMRIの中では通常のロボットが使えないので、特殊なロボットを開発する必要があったのです。具体的には、被験者があるゲームの操作をするためのワンハンドロボットで、ゲームの中の状況に応じて触覚的（ハプティック）なフィードバックを返すことができました。

この時の実験自体が、人の運動学習に関わるものでした。昔は人が運動をどう学習しているのかを調べるには、人の行動を観察するくらいしか方法がありませんでした。MRIなど脳の計測手段が発達した結果、学習の過程を脳の反応を見ながら調べる可能性が生まれました。ただし、MRIで脳の状態を計測中の人はスポーツなどをするわけにはいきません。そこで、力の反応も得られるロボットを通して操作するゲームを学習の課題としたわけです。

このプロジェクトは、ATR脳情報研究所（当時）の川人光男所長[*8]の研究室で実施されました。私は2003年に初めて来日し、2004年にインターンとして川人所長の研究室に加わりました。そして、修士課程を修了した時に、指導教官だったインペリアル・カレッジ・ロンドンのエティエンヌ・バーデット（Etienne Burdet）教授[*9]と川人所長から神経科学の研究を紹介されたのです。バーデット教授はすでに神経科学の研究に取り組んでいました。

実はロボット制御の研究をしているころから神経科学に関わる論文などをときどき読んで、ロボット制御と人間の脳や神経の働きの研究では問題設定が結構似ていると思っていました。なので何の抵抗もなく神経科学の研究に入ることができました。ロボットと神経科学の両方の経験を積むことで、より深い研究ができると考えた結果でもあります。ただし、2つの分野を統合する術を身に付けられたのは、川人所長の研究室に滞在できたおかげであることは確かです。

ロボットは第4世代へ

ロボットと神経科学、両方の研究者として特に興味を持っている研究領域の1つが、人間と機械のインタラクションです。インタラクションとは日本語で相互作用を意味し、簡単にいえば人と機械が互いに情報や物理的な動きのやりとりをすることです。自在化身体プロジェクトの私の担当領域も、インタラクションの研究の1つといえます。

人間とロボットのインタラクションは、機械にできることが進歩するにつれて大きく変わってきました。次の図は、両者のインタラクションの現在までの経緯と今後の進化について、私の個人的な見解を示したものです。

これまで世界中の工場で利用されてきた産業用ロボットを私は第1世代のロボットと呼んでいます。

＊8 脳の計算理論やブレイン-マシン・インタフェース（BMI）の研究で著名な脳神経科学者。1976年東京大学理学部卒業。1981年大阪大学博士課程修了。2020年現在、ATR脳情報通信総合研究所長。ニューロフィードバック技術や人工知能を利用した機器の開発を手掛けるXNef代表取締役社長なども務める。

＊9 インペリアル・カレッジ・ロンドン教授。神経科学とロボティクスの両面から、人と機械のインタフェースの研究を進める。1996年、スイス・チューリッヒ工科大学（ETH-Zurich）博士課程修了。2013年から現職。

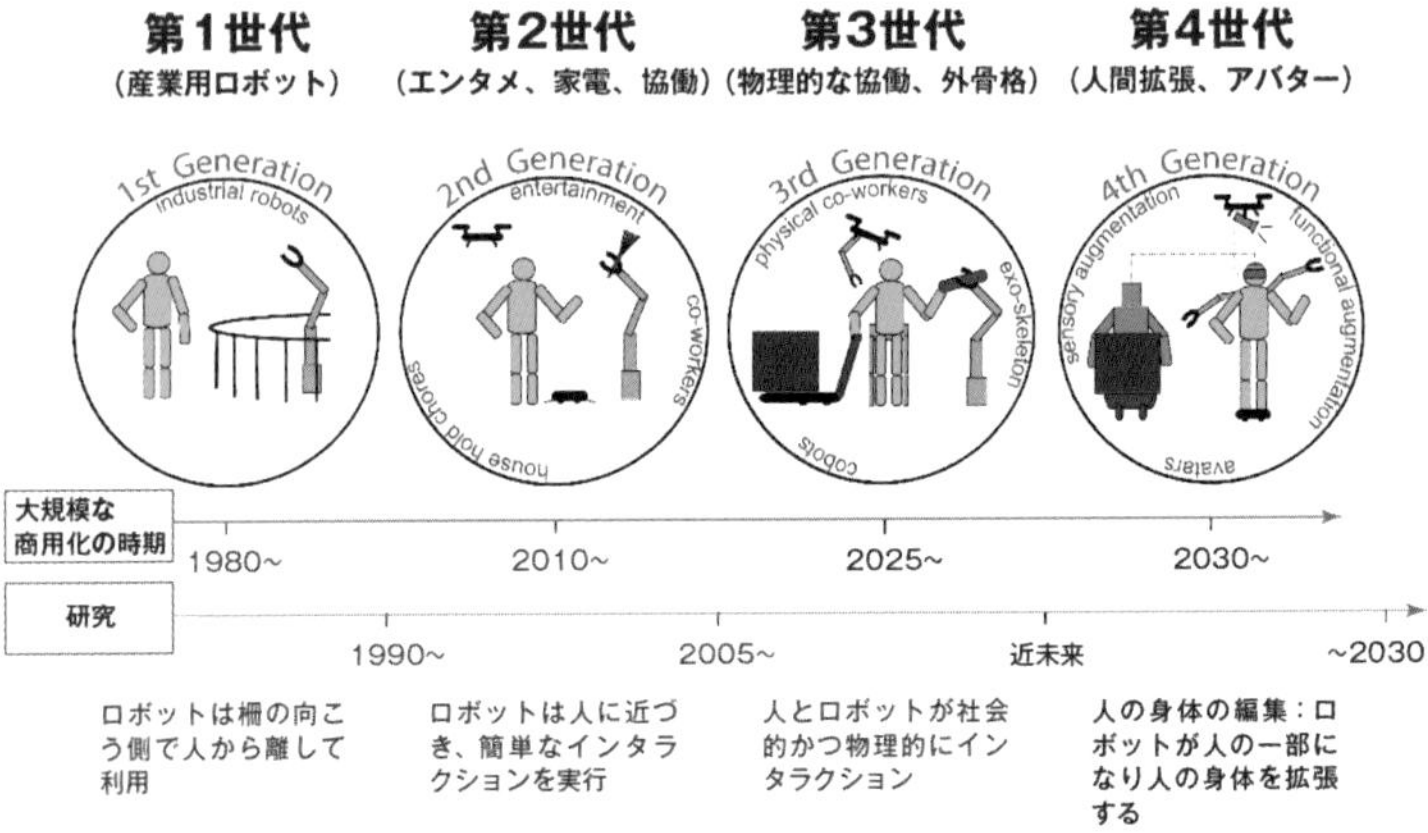

Fig 2　ロボットは第 1 世代から第 4 世代に進化するにつれて、より人間に近づくようになる

この世代のロボットは非常に大きくて力が強く、人間に危害を及ぼしかねないため、基本的には人から離した安全な場所で作業をすることが前提です。つまり、人とロボットの間には物理的なやりとりは基本的に発生しません。

次の第2世代では、ロボットが人に少し近づきました。家庭やオフィスといった人間に近いところで作業をするサービス用途のロボット、例えば市販のお掃除ロボットやドローンなどがこの世代に相当します。工場でも、人と作業を分担する協働ロボットが登場しつつあります。

ただしこれらのロボットは、人間の近くで作業するものの、人間と物理的に相互作用することを想定して設計されてはいません。両者のインタラクションは、人が操作の指示を与えると、それに応じてロボットが動作するといった程度です。

第3世代のロボットになると状況は大きく変わります。この世代では、ロボットは人間と認知的、社会的、身体的に相互作用する能力を持つようになります。例えば、リハビリテーション、高齢者の介護や社会的支援、物流、セキュリティなどの分野で活躍するロボットです。私も含めて多くの研究者が取り組んできた研究成果は、主にこの世代のインタラクションに焦点を当てています。

その次に来る第4世代でロボットはさらに人に近づき、人間の身体の一部になります。この世代こそ自在化の領域といえます。自在化身体プロジェクトへの参加を打診されたとき、私はすでにこの考えを基にしたインタラクションの研究に着手していました。その一例が、前に述べた第6の指の研究です。このため、私にとって自在化身体プロジェクトに参加するのはごく自然な流れでした。

第4世代のロボットは、運動・機能・感覚の面で、人体を効果的に編集・拡張していきます。今でもスマートフォンを使って情報にアクセスしたり、遠く離れた場所にいてもコミュニケーションができたりするのは、情報技術を使った人間の身体の拡張が既に始まっている証といえそうです。物理的な動作についても、例えば2001年に登場した「セグウェイ」は、人の身体に密着するロボットの先駆けだったといえるかもしれません。今後は自在化技術の具体例として、巨大なロボットの手足のような運動能力拡張のためのデバイスや、人間に超人的な感覚を提供するデバイスなども登場しそうです。

相手の意図や行動を推測する

人間と機械のインタラクションを第3世代以降のロボット向けに進化させる上で、極めて大きな課題はロボットが人の意図をどうやって汲み取るかです。

人と人とがうまくインタラクションできるのは、人間は常に相手のことを考えているからです。例えば、荷物をたくさん抱えた人がドアの前にきたら、ドアの傍にいた人はほぼ自動的にドアを開けてあげるはずです。荷物を持った人が「開けて下さい」といわなくても、荷物を両手いっぱいに持った人がドアのところに来ただけで「この人はドアを開けて中に入りたいのだろう」と判断して行動します。しかもその行動は無意識かつ瞬間的です。荷物を持った人が魅力的であれば「ドアを開けてあげれば好意を持ってもらえるかも」という感情が瞬間的に沸き起こることもあります。ロボットにそこまで必要かはわかりませんが、このような瞬時の判断をロボットで可能にする技術はまだどこにもありません。

相手の意図や行動を推測する能力は、様々な共同作業をする上でも重要です。卓越したスポーツ選手は、この能力が特に優れています。リオネル・メッシのようにサッカーが凄くうまいプレイヤーは、ドリブルなどのテクニックが上手なだけではなく、敵がどうしたいのか、味方がどう動くのかを素早く見抜くことにも長けています。もちろん今のロボットにはできません。

人が相手の行為を推測できるのは、自分を相手の立場に置いて考えているからという仮説がありま す。ロボットに人間の行動モデルを持たせれば、相手の考えを忖度して行動できるかもしれません。ただしこれは一朝一夕にはクリアできない、相当高いハードルです。荷物を持った人がドアの前に現れる状況1つをとっても、人の属性や状態によって、適切な対応は千差万別に変わりうるからです。荷物を持った相手が子供か大人か高齢者か、怒っているのか笑っているのか、疲れているのか元気なのかなど、数えきれない組み合わせの状況があり得ます。これらの場面のどれであっても、人はその都度相手に合わせてインタラクションを変えることができるのです。

脳の仕組みを利用して検出

人の意図を汲む能力を機械に持たせるためには、やはり人から学ぶことが必要です。ただし無意識の行動なので、人にヒアリングしても仕組みはわかりません。単純に脳波を測定するだけでも、まずいい結果は得られません。様々な実験を通じて神経科学や心理学の知見を蓄積していくしかないと考えています。我々が今試しているのは目の動きや行動を測ったりする方法です。人の目の動きも含めた表情や身体全体の動きを細かく観察することが解決に向けたキーだと感じています。

現在の行動の結果を常に予測している脳の性質を利用する手段もあります。我々はこの発想に基づき、脳波を使いながら、従来の方法よりも格段に高い精度で被験者の運動の意図を検知する手法を開

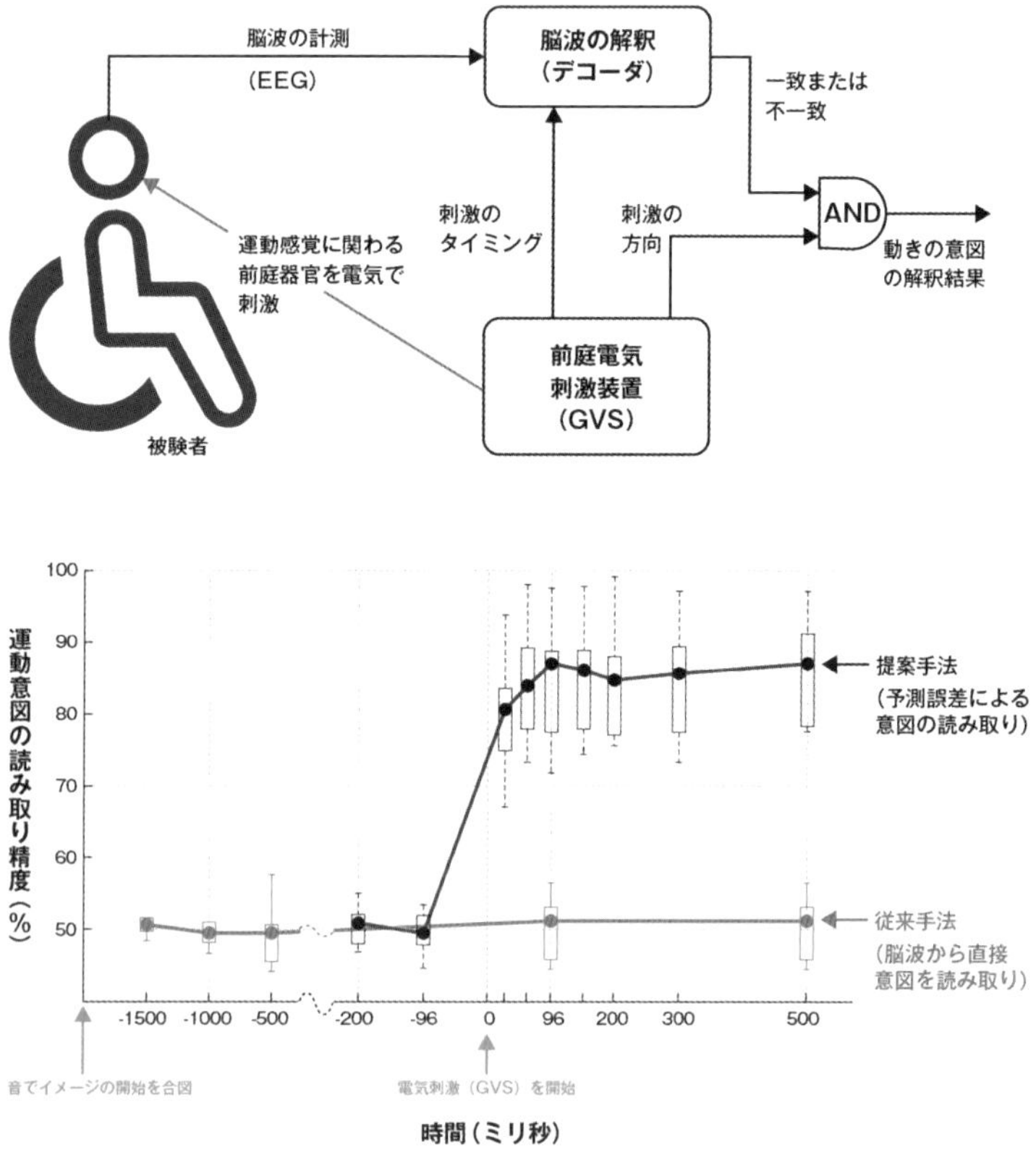

Fig 3 上は被験者の運動意図を脳波から測定する実験の構成で、下は実験結果の意図の読み取り精度。開発した手法（黒線）を使うことで従来手法（赤線）と比べて大幅に精度が改善した（“Utilizing sensoryprediction errors for movement intention decoding: a new methodology” の図を基に作成）

発しました。[*10]

人が運動をするときは、脳が筋肉に動きの指示を出すと同時に、運動の結果である身体の動きを常に予測しています。予測した動きと実際の動きの差分から、動作を補正したりするためです。我々が開発した手法では、被験者に自分が進みたい方向をイメージしてもらっている間に、運動感覚を司る前庭器官を電気的に刺激して（GVS・Galvanic Vestibular Stimulation）、特定の方向に動く感覚を人工的に与えます。このとき被験者が意図した向きと、電気刺激で伝えた向きが同じか違うかで脳波に差が現れます。これを検知することで、被験者の意図がわかるというわけです。

従来の方法では脳波から直接、意図を読み取ろうとしており、そのためには被験者があらかじめ練習する必要がありました。我々の手法では事前の準備は一切要りませんし、電気刺激は気づかれないほど弱いため被験者の負担になりません。実験で検出した意図は車椅子を右と左のどちらに曲げるのかという二者択一で、頭全体を覆う電極をかぶるといった条件はありますが、今後有望な手段の1つだと思っています。

---

*10 G. Ganesh, K. Nakamura, S. Saetia, AM. Tobar, E. Yoshida, H. Ando, N. Yoshimura, Y. Koike (2018). Utilizing sensory prediction errors for movement intention decoding: a new methodology, Science Acvances Vol. 4, no. 5, eaaq0183 DOI: 10.1126/sciadv.aaq0183

意図を汲んで自動で動作

こうしたデータを積み重ねることでロボットにどのようなセンサを実装して、何を測ればいいのかが次第にわかってくるはずです。いかなる測定アルゴリズムや制御手法を活用すれば、人とのインタラクションをより豊かにできるかも明らかになるでしょう。最終的にはそれらをエンジニアリングにつなげ、友達のように気心知れた親しみのあるロボットを実現できると考えています。

第4世代のロボットや自在化身体では、人の意図の把握は第3世代以上に重要になります。自在化身体は、常にユーザーが操作しているわけではなく、ユーザーの意図を推測して自動で動く場合もあるからです。

人の身体の動作も、細かい部分は無意識のうちに実行されるのが普通です。どこかへ歩いていく場合に、足を持ち上げ、前に出し、下ろして…といった動作をいちいち意識している人はいません。同様に自在化身体の場合も、ユーザーが「コーヒーが欲しい」と思ったら、メタリムが自動的にコーヒーのある場所まで動き、掴み、ユーザーの口元まで持ってくるのが理想です。

一連の動作を実現するには、ユーザーの意図の検出に加えて様々な技術が必要です。コーヒーのある場所の検出や、ロボットアームを動かす制御方法、さらにはユーザーが自分の腕を動かすなどしてアームの軌道上に障害物が現れた場合の対処や、ユーザーの気が途中で変わった時の動作など、課題はいくつもあります。こうした課題を解く上でも、人の神経科学的な研究が貢献できることはたくさんあると思います。

怖くない自在化身体

神経科学が関わる課題としてもう1つ興味を持っているのは、社会に受け入れてもらうには自在化身体をどのように設計していけばいいのかという点です。Metalimbs のように人とロボットが一体になった姿は、初めて見る人にとって異様でしょう。もちろん、他のあらゆるテクノロジーと一緒で、最初は物珍しく奇抜だったものでも、世の中に広がるに連れて当たり前になっていくはずです。それでも、自在化身体を含むロボットは自ら動く特徴があるので、既存の情報機器などと比べてより細かい気配りが必要だと考えています。

我々はロボットの外観だけでなく、その動作に注目しています。ロボットがどのような動きをすると人は不安を感じるのかを、被験者を使って実際に調べました[*11]。その結果わかったのは、動きの大きさや速さとは別に人に緊張を強いる要因があったことです。ロボットの動きが予測できないことです。

---

*11 D. Heraiz-Bekkis, G. Ganesh, E. Yoshida, N. Yamanobe (2020). Robot movement uncertainty determines human discomfort in co-worker scenarios. IEEE International Conference on International Conference on Control, Automation and Robotics, ICCAR 2020, Singapore, April 2020.

どんなに大きく動きが高速でも、動作が単純なものであれば、人はそばに近づいても平気でいられます。巨大で高速回転するファンは、同じ大きさ・速度の人型ロボットよりも安心感があるはずです。一方で、そこまで大きく速くなくても、どう動くかわからないロボットは人を不安に陥れるのです。

これも、人の脳の性質によるところが大きいと思います。人の脳は、自分の動きにしろ、他人の行動にしろ、環境の変化にしろ、常に予測を繰り返しています。その中へ、全く予測ができない異物としてロボットが侵入してくると、不安を呼び覚まされるわけです。自在化身体の設計でも、この点を十分考慮すべきでしょう。

5

岩田 浩康

今役立つロボットで自在化を促す

飛び込んでみないと自分はわからない

Hiroyasu IWATA

早稲田大学 理工学術院 学術院長補佐/創造理工学部 教務主任/総合機械工学科 教授 博士(工学)

早稲田大学 グローバルロボットアカデミア研究所 所長/フロンティア機械工学研究所 副所長 兼担

日本バイオフィードバック学会 理事，日本コンピュータ外科学会 評議員，バイオメカニズム学会 幹事

株式会社INOWA取締役CTO，株式会社オムテック 取締役CTO，株式会社ROCK＆LOTUS 取締役CTO

JST ERATO稲見自在化身体プロジェクト 自在化身体構築グループ グループリーダー

30歳を過ぎたころからワインにはまりました。ワインセラーをあつらえ、一番上の棚はシャンパン系、2段目は手に入りにくい絶対に飲んではいけないもの、飲んでいいのはこの段など、自分なりのこだわりで70本ほどを管理しています。40歳を超えるころには日本酒も好きになって、特に「獺祭《だっさい》」が好みです。

星の数ほどあるワインの中で自分好みは何なのか、最初は全くわかりません。それでも闇雲に買って何本か飲んでいるうちに、「これは合う、これは合わない」という傾向がだんだん見えてきます。私は赤ワインが好みですが、その中でも例えばフルボディが好きだとか、メルローはちょっと自分には合わないな、とか。日本酒も同じように何種類か飲むうちに、辛口が好みで、特に長続きする辛口が口に合うことがわかってきました。

研究者としていい仕事をするには、自分を知ることが大事です。自分が本当に興味があり、やりがいを感じるテーマでこそ、本領を存分に発揮できます。ただ、自分のことはわかっているようでいて、得てして見落としが多いものです。

その最たるものが、これまで経験したことのない分野における自分の反応でしょう。身をもって知らないのですから、いくら想像を膨らませても井の中の蛙と大差ありません。現実は往々にして予想を裏切ります。

結局、未知の研究分野が自分の性に合うのか、情熱を注ぐだけのやりがいがあるのかを知るには、自ら飛び込んでみるしかないのです。ワインや日本酒の話を持ち出したのは、このことを伝えたかったからです。

異分野で大きな失敗も

私は興味を持ったり、チャンスがあったりした研究分野には、積極的に身を投じてきました。自在化の研究を含めて、現在手掛けているテーマの多くは、自分にとって新しい領域を追い求めていった結果です。おかげで、既存の学問の枠にとらわれない学際的（trans-disciplinary）な研究を進めることができました。詳しくは後で説明しますが、自分自身の出身分野であるロボット工学と、その応用先としての医療が融合する領域などを開拓してきました。

知らない分野に身を置くことで、時には痛い目にも遭います。今でも冷や汗が出るのは、医療用ロボットの研究を始めて1年目、2006年ごろの出来事です。当時私は、患者の負担が少ない低侵襲手術を助ける「リトラクタ」と呼ぶ装置を開発していました。お腹を大きく切り開く代わりに小さな穴を複数開けて、そこから腹腔鏡や器具を体内に入れて手術をする際に、視野を隠してしまう内臓を動かすための装置です。棒状の器具をお腹に入れると横に膨らみ、これを体外から操作して臓器を視野からどけるという発想でした。

この装置の有効性を示すために、ブタを使った模擬手術を計画しました。ブタを対象にした実験は

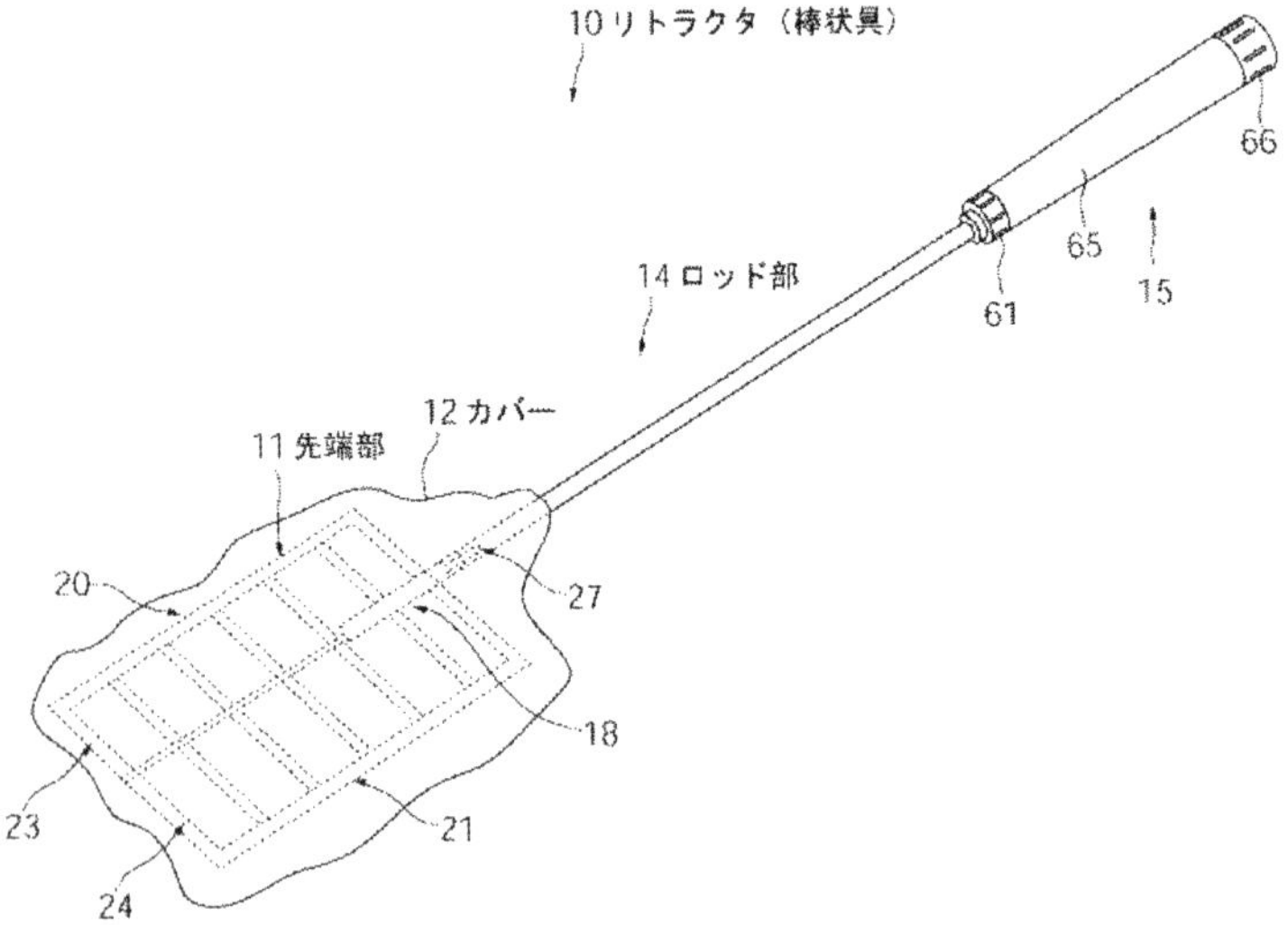

Fig 1　低侵襲手術に使うリトラクタの先端部を広げた状態（公開特許公報、特開 2008-48907 から引用）

貴重なため、3つの研究グループが1頭を順番に扱うことになりました。事件が起きたのは、その実験計画をプレゼンする場です。

私は、この世界の錚々たる重鎮を前に実験の概要を説明しました。ところが話を進めるうちに、場の空気がどんどん悪くなっていきます。さらにまずかったことに、私は雰囲気を察して話題や話し方を変えたりはせず、用意した通りに最後まで話を済ませました。無事にプレゼンを終えてほっとしていた時です。1人の教授から突然呼び止められ、いきなり胸ぐらを掴まれて恫喝のように脅かされたのです。

悪かったのは自分でした。わずかなプ

レゼン時間の多くを、実験のバックグラウンドや低侵襲手術の細かい説明に費やしてしまったのです。自分は動物を使った実験は初めてで、基本を説明するのは当たり前だと思い込んでいたのですが、聞く立場の先生方からすると先刻承知の内容ばかりでした。博士号を取り立てで怖いもの知らずだった私の生意気で場知らずな感じも、火に油を注いでしまったのかもしれません。それにしても、あの時は本当に怖かった。

相手の視点は全然違う

この一件を含め、畑違いの医療の分野に飛び込んでわかったことは、相手の視点から物事を見ることの大切さです。改めて振り返ると、釈迦に説法のような説明を長々としていたことに気づかなかった不明を恥じるばかりですが、当時はどうしても目先のことに意識が集中しがちでした。

その後も似たようなことがありました。救急医療に革新をもたらしたいと考えた私は、「救急医工学」という言葉を作って、２００７年と２００８年には救急医学会で研究成果を発表しています。当時は救急医療で利用される装置といえばＡＥＤ（自動体外式除細動器）くらいしかなく、ロボット工学を活用した機器の活躍の場は大きいと見ていました。私はロボット工学のコアな最新技術の知見には自信があり、その目からすると医療現場の取り組みは随分簡単な方法しか使っていないように映ったのです。門外漢ながらも医療工学分野のあらゆる学会に参加して、向こう見ずに質問をしたりもしました。

私のアイデアは周囲の人々には非常に興味を持ってもらえたものの、「面白い」の先にはつながりませんでした。今思えば若気の至りで、思い上がりもはなはだしかった。医学研究の世界は、ロボットのそれよりさらに奥深かったのです。最終的には救急医療にロボット工学を適用するには時期尚早で、乗り越えるべきハードルが非常に高いことに気づきました。我々の前には、医療現場や法律、制度などの大きな壁が立ちはだかっていました。

この状況も、相手の立場で眺めてみると随分違って見えます。とりわけ大切なのが現場の視点です。医療の現場にとって重要なのは技術の新旧や優劣ではありません。現場や患者が困っている問題に対して、どんな解決策（ソリューション）を提供できるかです。しかも現場にわかってもらうためには、研究者や技術者の言葉を、医療従事者にわかる説明に翻訳して伝える必要があります。現場や患者にとって何がメリットなのかを十分に納得してもらえないと、結局は使ってもらえないのです。

法律や制度にしても同じです。こちら側からは壁に見えても、作っている側からすると、安全性や有効性を担保するという重い役割があります。我々の提案を受け入れてもらうためには、相手の視点からストーリーを作って説得する戦略が大事です。

一連の経験から、常に利用者の視点や現場のニーズの視点から考え、メリットを丁寧に説明することで、説得力が増して理解や受け入れがスムーズになることを私は身をもって学びました。多彩な分野の出身者が集う学際的な研究の場合にとどまらず、何らかの用途を想定した研究開発全般に共通する大切なポイントです。考えてみれば当たり前のことですが、研究に没頭するほど忘れてしまいがちで、強調してもしすぎることはありません。

ロボットに肌感覚

そもそも私がなぜ医療分野に関わることになったのかを少しお話ししたいと思います。私が所属する早稲田大学は、日本におけるヒト型ロボット（ヒューマノイド）の研究発祥の地といっていいところです。日本のロボット開発の父と言われた加藤一郎教授[*1]をはじめ、ヒト型ロボット研究の第一人者・高西淳夫教授[*2]や私の恩師である菅野重樹教授[*3]など多くのパイオニアを輩出してきました。私もその流れを汲んで、学部生のころからヒューマノイドの研究に携わってきました。

＊1 （1925年5月2日―1994年6月19日）日本のロボット研究の第一人者。早稲田大学教授、理工学部長を歴任。バイオメカニズム学会、日本ロボット学会の創立者。加藤研究室は弟子の高西淳夫、菅野重樹に受け継がれた。紫綬褒章、正五位勲三等旭日中綬章。

＊2 早稲田大学創造理工学部総合機械工学科教授。2足歩行ロボット、ヒューマノイドロボットなどヒト型ロボットの研究第一人者。2020年 世界最大の研究者・技術者組織であるIEEE のフェローに選出される。

＊3 早稲田大学理工学術院創造理工学部教授。鍵盤演奏ロボット「WABOT-2」、世界初の卵を割れるロボットハンドを持つ「WENDY」や人間共存型ロボット「TWENDY-ONE」を開発。平成29年度文部科学大臣表彰（科学技術賞・研究部門）受賞。

大学院の修士課程1年生のとき、指導教官は自由に何やってもいいよという雰囲気だったので、改めて自分が何の研究をしたいのかを考えました。私のいつものやり方で、まずは白紙の状態から興味深いテーマを探そうと、図書館で日本ロボット学会の学術講演会の分厚い論文誌を借りて、14年分を全部読んでみたのです。面白そうな論文は片っ端からコピーして結局300～400本を読み込みました。関心を引いたところに付箋を貼り、付箋の嵐になった論文誌を眺めて、何となくロボットの研究はわかった気になっていました。

中でも特に興味を持ったのが触覚です。当時も今もロボットの主な用途である工場では、人とは隔離された場所でロボットを動かすのが常識です。ロボットのそばに近づいた人が危害を受けかねないためです。しかし、これから市場拡大が期待される介護や家事といった分野では、ロボットと人の触れ合いは欠かせません。危ないからといって人から逃げ回っていては仕事になりません。

そこでロボットに人のような触覚を持たせることを考えました。ロボットが一種の肌感覚を持てば、触れられたことやその強さから人の意図を推し量り、コミュニケーションや安全性の確保に役立てられます。例えば子供にちょこんと叩かれたら「遊んで欲しいのかな」と判断するといった要領です。ほかにもロボットの関節を柔らかくするなど、今でいうソフトロボティクスの先駆けのような研究を当時から進めていました。

恩師の真似はするな

ロボットの研究に従事しながら、私は常にもやもやした思いを感じていました。自分の研究発表のプレゼンをするときに、決まり文句のように繰り返していた言葉です。「ロボットの安全性確保は絶対条件です。2050年にはこの問題は解決され、ロボットが社会で活躍する時代になっています」。気になったのは2050年という時期です。もしそんなに時間がかかるとしたら、ひょっとすると自分が生きている間にロボットと人が共生する社会を目にできないかもしれないなと。

私が子供のころになりたかった職業は医者や弁護士でした。おぼろげながらも実社会で役に立ちたいという考えを、当時から抱いていたのだと思います。そんな自分がせっかくロボットの最先端技術を研究しているのに、実用化が何十年も先になっていいのだろうか。次第に、今すぐにでも人の役に立つロボットを開発したいと考えるようになっていました。

ちょうどこのころ、縁があって早稲田大学の先端医療工学研究所に移籍することになりました。医療分野は全くの素人でしたが、人の役に立ちそうだとの直感からその話に飛び付いたのです。この時も最初は何をやっていいのか全くわかりませんでしたが、ロボットの触覚を研究していたこともあって、感覚麻痺の研究に取り組むことにしました。

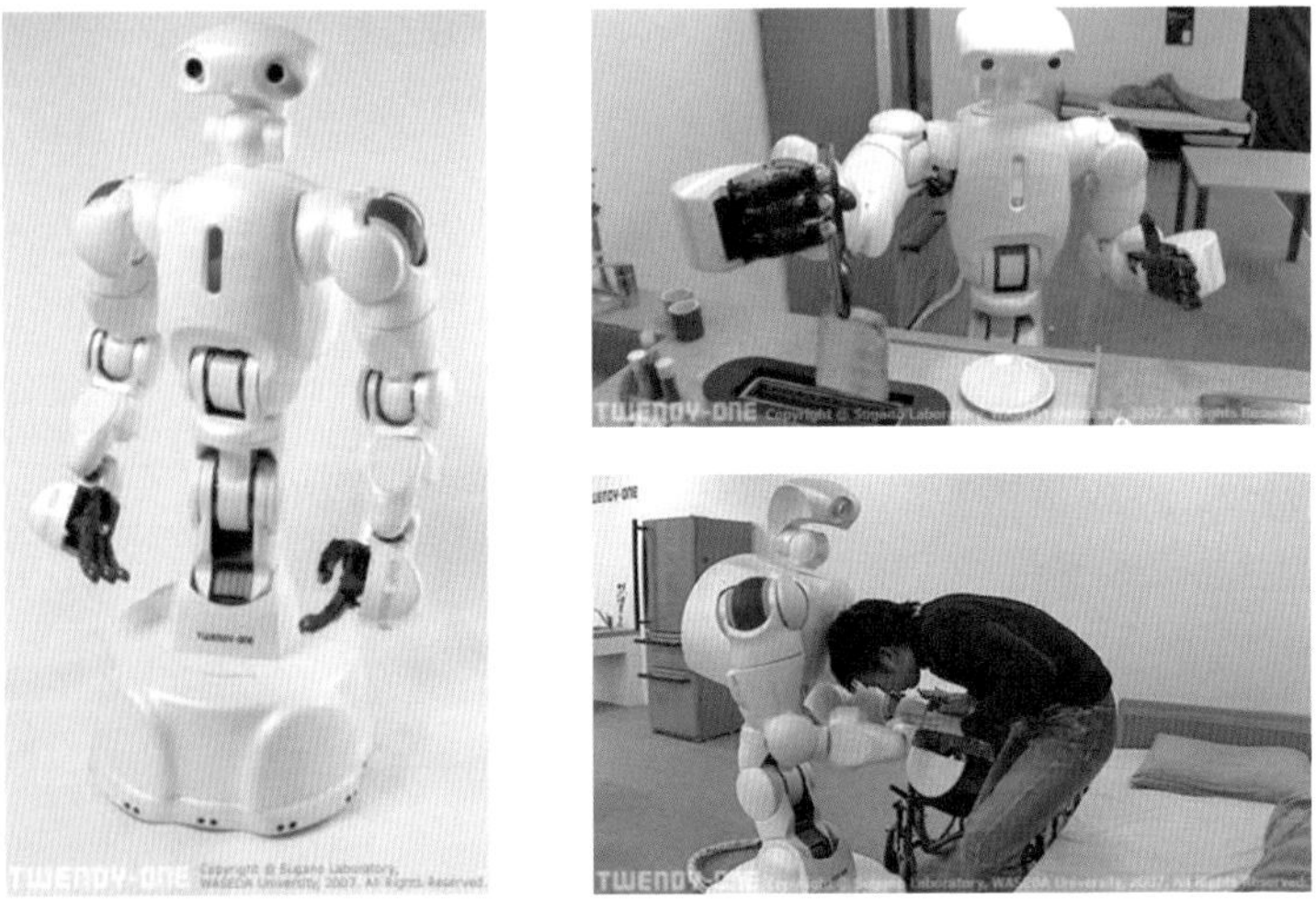

Fig 2 家庭内介助支援ロボット「TWENDY-ONE」（TWENDY-ONEのWebサイト（http://twendyone.com/concept.html）から引用）

私の決断を後押ししてくれたのが、東京大学の生田幸士教授[*4]（当時の所属は名古屋大学大学院）の一言です。２０１５年12月に開催した日本ロボット学会の医療工学関連のシンポジウムで私はオーガナイザーを務めました。講師の１人として講演を依頼したのが生田教授で、医用生体工学で紫綬褒章も受賞されたオーソリティです。

この折に生田教授から「自分の恩師の真似はするな」とアドバイスを受けました。「３６５日の大半を恩師のプロジェクトをサポートして成果を上げたとしてもそれは恩師の成果だ。今まで積み上げてきたものを捨ててでも新しいことに挑戦しなさい」と。まさに目から鱗でした。

私にとってこの発言が、今後の研究の方向を決定付けるトリガーになったと感じます。

当時はヒューマノイドロボットの研究も並行して進めており、その集大成として2007年11月に家庭内介助支援ロボット「TWENDY-ONE」を大々的に発表しました。しばらく発表を控えた後に公開したのでマスコミも大きく取り上げ、社会にもインパクトをもたらしました。私も開発に心血を注いだメンバーの1人として誇らしい思いでしたが、このプロジェクトはあくまで私の恩師である菅野教授の成果なんだと割り切ることができました。

この成果発表と同時に気持ちは次の医療工学分野の研究に移っていきました。早稲田大学のロボティクス研究グループの中で異質な領域を志向したのは私くらいで、はたから見ると浮いていたかもしれません。

ロボットはあくまで補佐

医療分野にロボットを応用する上での私の基本的なスタンスは、機械のサポートは最小限に留め、できることは基本的に人にやってもらうという考え方です。何でもかんでも機械がやってしまうと人

---

*4 東京大学大学院 情報理工学系研究科 教授 同大学先端科学技術研究センター 教授（兼務）。バイオマイクロマシンや医用ロボティクスなど医用生体工学の第一人者。2010年医用生体工学で紫綬褒章受章。

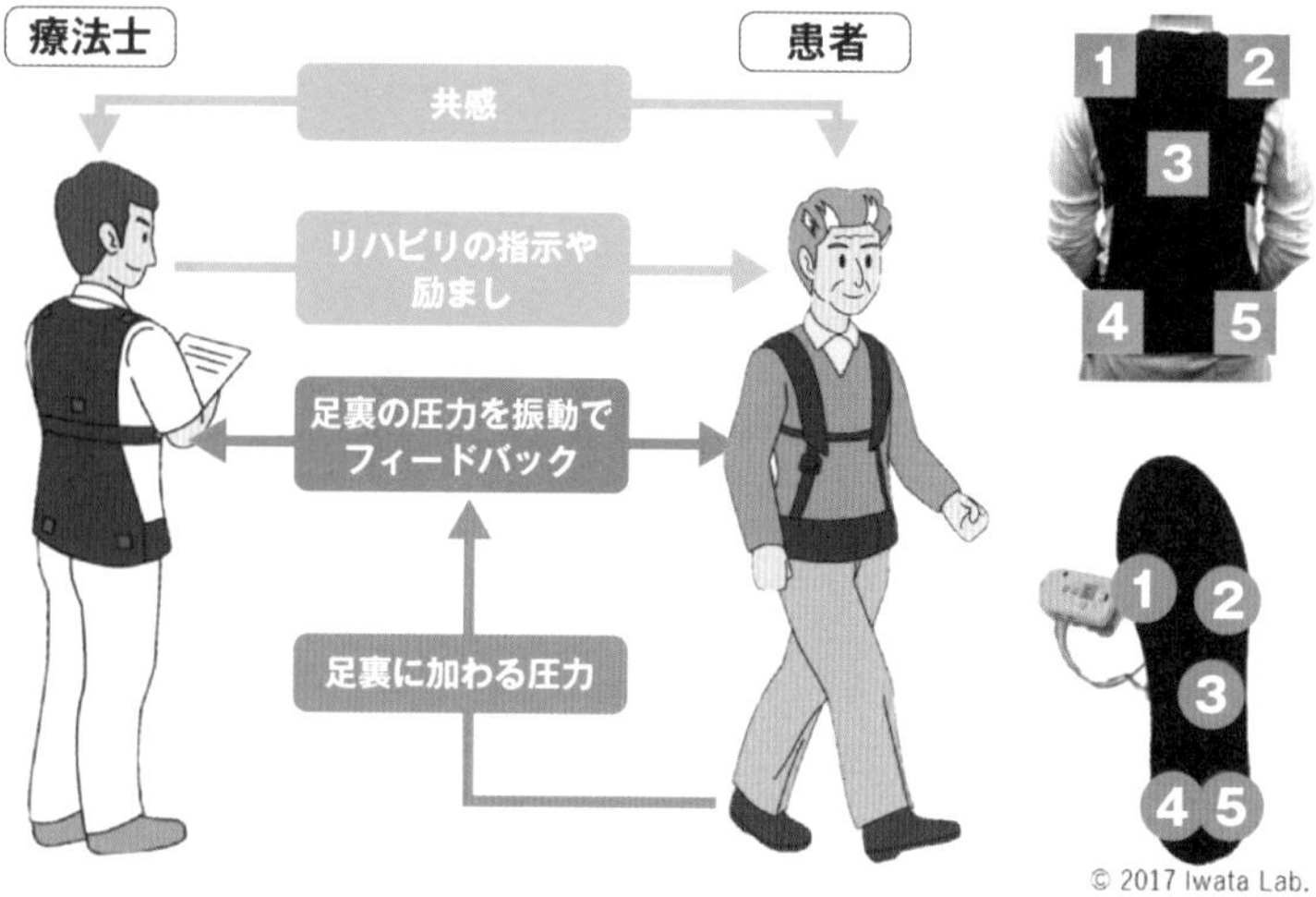

Fig 3　センサの情報をフィードバックして歩行の訓練を促す（早稲田大学岩田研究室のWebサイト（http://www.jubi-party.jp/research/rehabilitation/Empathy）から引用）

はどうしても怠惰になり、必ずしもその人のためになりません。人の残存能力を機械が奪ってはいけないし、逆に伸ばしてあげた方がいい。サスティナビリティ（持続可能性）という言葉がありますが、人と機械の間にも持続可能な関係を築くことが大事だと思います。この設計思想はTWENDY-ONEでも同じで、そのためかTWENDY-ONEの発表は、自助努力を尊ぶ欧米社会のメディアにも大きな関心を持ってもらえました。

医療工学研究所に所属してから始めた、感覚麻痺患者のリハビリ向けロボット技術も同様な発想に基づいています。脳卒中などが原因で様々な感覚を失ってしまった患者が対象です。例えば足の裏の感覚がなくなると、足の接地状態がわからなくなって、うまく歩けなくなります。そこで患者の足裏にセンサをつけて、地面から加わる圧力を検知し、本人の感覚にフィードバックする仕組みを考えました。

センサからの信号を伝える先として選んだのは患者の背中です。様々な実験から、足裏の位置と背中の位置を対応させるのが一番自然だと判断しました。爪先のセンサは肩、かかとだったら腰といった具合で、センサの出力に応じた振動刺激を与えています。

この技術を使ってリハビリを進めると、人によっては2倍ほどの速度で歩けるようになります。足裏の感覚がない時に爪先から先に地面に着く歩き方をしていた人は、あたかも自分でブレーキかけてるようなもので、なかなか速く歩けません。不自然な歩行状態を自身の体で感じることで、歩き方が変わります。訓練を続けていくと、次第に普通の歩き方を取り戻すことができます。

能力の補助から拡張へ

自在化の研究でも、人が主、ロボットは従という基本スタンスは変わりません。リハビリの技術が人の能力をマイナスから正常な状態に戻すものだとしたら、自在化は人の能力をプラスの方向に拡張する研究だと捉えています。

我々が進める自在化の研究例の1つは「第3の腕」です。体に装着したロボットハンドを自由自在

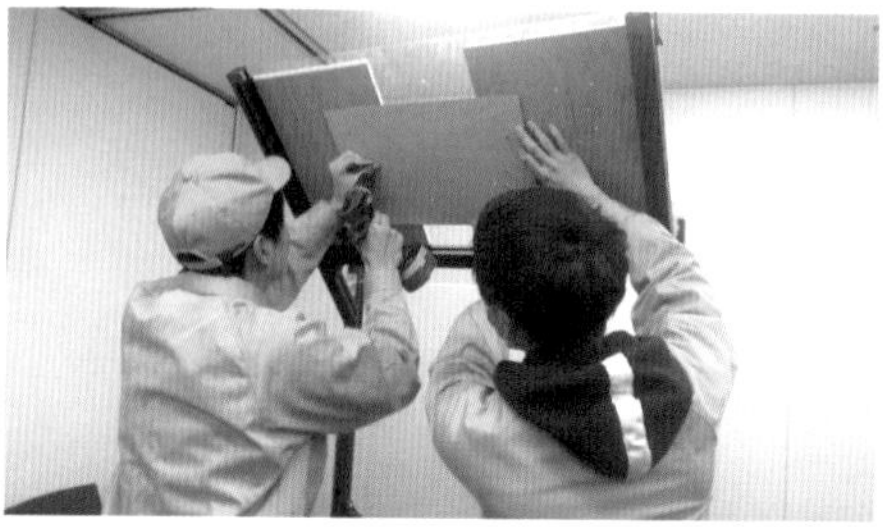

Fig 4　第３の腕の実演の様子。２人がかりだった天井ボードの取り付け作業（左）を１人でこなせるようになる（右）

に扱える「人機一体」を狙います。

ここでも現場における具体的な使用法を想定しながら技術を開発しています。2019年1月に、パナソニックの共創型イノベーション拠点「Robotics Hub」を核とした同社との共同研究を発表した際には、第3の腕で天井ボードを保持することで、他人の助けを借りずにビス留め作業ができる様子を実演しました。建物の施工支援システムへの応用を想定したものです。

第3の腕の腕を構成する要素技術として、ハードウエア、ソフトウエアの両面で開発を進めています。前者では、義手と同じくらい軽量なロボットハン

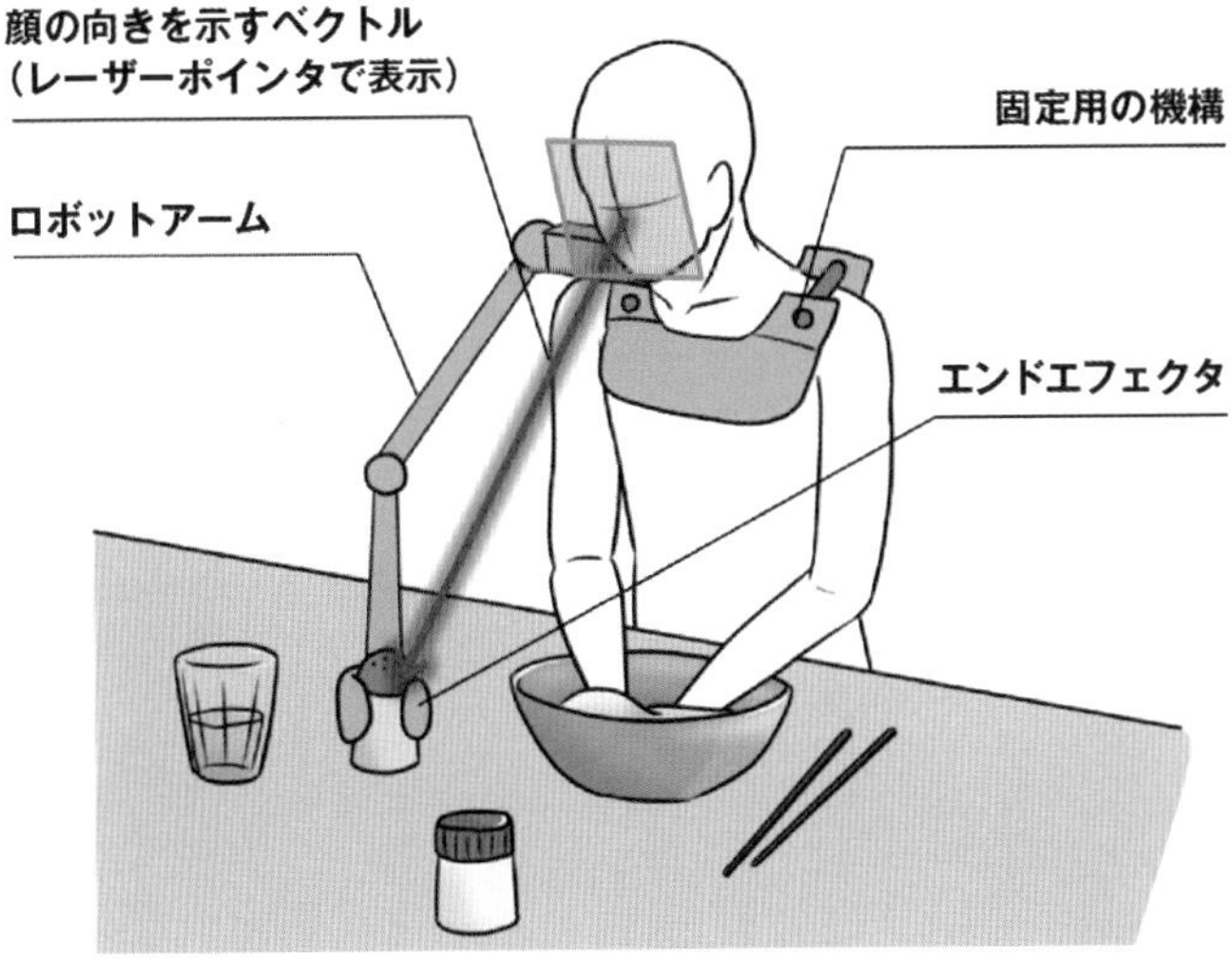

Fig 5　レーザーポインタで明示された顔の向きと音声によって第３の腕を操る（早稲田大学岩田研究室のWebサイト（http://jubi-party.jp/research/thirdhand）から引用）

ドや、位置決めの誤差を吸収できて様々な形状のものをつかめる手先の部分（エンドエフェクタ）などを作りました。

ソフトウエアでは第3の腕の操作方法に工夫を凝らしています。我々が想定しているのは、何かの作業で2本の腕が塞がっていて「もう1本腕があったら」と願うような状況です。第3の腕の操作に気を取られ、手元が疎かになっては元も子もありません。なるべく自然かつ意のままに操ることができる操作感が必要です。

そこで今試しているのは、ユーザーの顔の向きと音声による指示の組み合わせで意図を伝える方法です。お目当てのコップの方に顔を向け、声で「そのコップ取って」と呼びかける感じです。なお、自分では顔を向けているつもりで、はたから見るとそうなっていないケースを防ぐため、ユーザーがかけたメガネから照射されるレーザーポインタの光で顔の向きを知らせるようにしています。

腕を外して派遣する

第3の腕の発展形として現在力を入れている研究テーマが「デタッチャブルボディ（detachable body）」です。日本語に訳せば「取り外せる身体」。第3の腕を文字通り自分から切り離して別の場所に送り出した上で、自分の身体と同じように使えるようにしようというわけです。

例えば2階の書斎でパソコンの作業をしているとします。ちょっと一息入れたいなと思ったときに、第3の腕を取り外し台車などに載せて1階の冷蔵庫に派遣し、プリンを取ってくるといったイメージです。腕にカメラが付いていれば、冷蔵庫の中身を眺めて、プリンの代わりに別のデザートを持ってくることもできます。

まるで夢物語のようですが、基礎的な検討はすでにかなり進んでいます。別の場所にある第3の腕（ロボットハンド）を使った作業と、自分の両手を使った目の前の作業の両方を、人は同時にこなせることを実験によって確認済みです。被験者が頭にかぶったディスプレイ（ＨＭＤ・head-mounted display）に、それぞれの場所の映像を重ねて表示し、自分の手では指定された色のブロッ

Fig 6　デタッチャブルボディのコンセプト。桃色で表した腕や足を、人の身体やロボットに自由に付け替えて利用できる未来を描いている

ク集める、第3の手では指定された番号のボタンを押すといった単純な作業をしてもらいました。

この実験の結果、映像の表示の仕方や、ロボットハンドからのフィードバックの有無が作業の効率に大きく影響することがわかりました。

例えばロボットハンドからのフィードバックによって、作業の効率は顕著に高まりました。第3の腕の位置や角度に応じて、被験者の背中の対応する場所に振動を伝えることで腕の状態を教えています。

この手法は、第3の腕を本当に自分の腕だと感じさせる「身体所有感」の研究の一環です。身体所有感の検

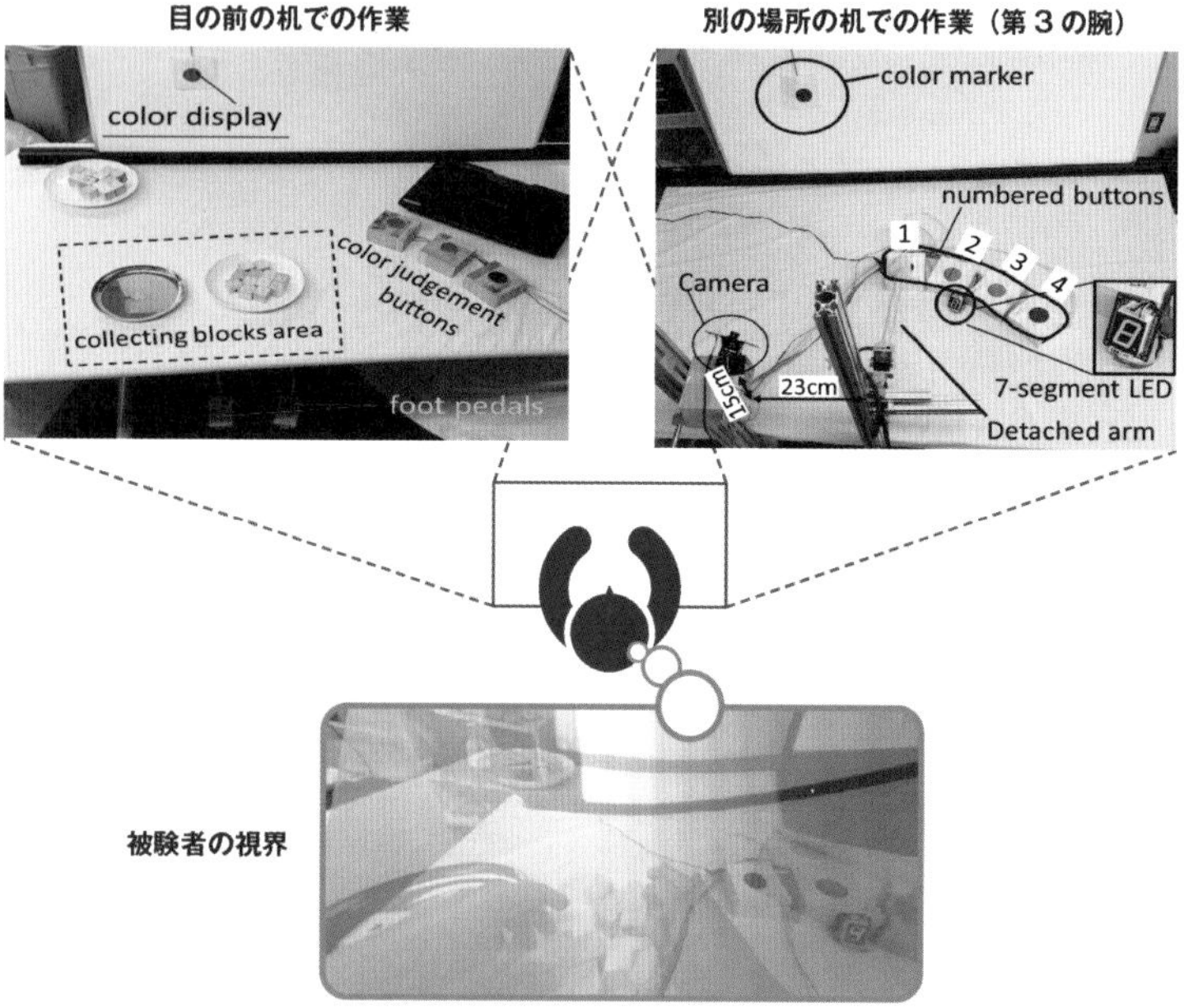

Fig 7　HMD で２つの場所の映像を重ねて見ながら、自分の手とロボットアームを使って、それぞれの場所で簡単な作業をしてもらった

討はまだ緒についたばかりですが、本人の身体に対するフィードバックの与え方が実現の鍵の1つと見ています。

　デタッチャブルボディの背景にあるのは、「マルチプレゼンス（Multi-presence）」という考え方です。プレゼンスとは存在のことで、マルチプレゼンスとは複数の場所に自分が同時に存在するかのような状況を指します。普通に考えると自分は今ここにいる1人だけですが、技術の力を借りることで異なる場所で同時に活躍することは十分可能と見ています。自在化身体プロジェクトの言葉を使えば「分身」の一形態です。

以上で紹介した自在化の研究はどれもが基礎研究の段階です。ただ、なるべく早く基礎を固めて、応用の段階に進みたいと思っています。マルチプレゼンスは3〜5年、身体所有感は5〜8年程度の期間で基礎研究にメドをつける計画です。

ベンチャーで研究を事業化

我々の研究室では、自在化のような少し先の未来をにらんだ先端技術の研究と並行して、技術の実用化も推進しています。開発した技術を事業化するベンチャー企業を相次いで立ち上げました。医療分野の研究に乗り出したときの「人の役に立つロボットを作りたい」という目標が、10数年を経ていよいよ実現しつつあります。

我々の技術を基にしたベンチャー企業の1つが、2019年8月に設立したINOWAです。妊婦の超音波（エコー）検査を自動的に実行するロボットの実用化を目指しています。このロボットの基になったのは、遠隔地にいる医師がロボットを操って妊婦を診察する技術です。さらに遡ると、先述した救急医工学の話につながります。

救急医工学の研究では、見た目からはわかりにくい内出血の程度を的確に知ることが、治療の緊急

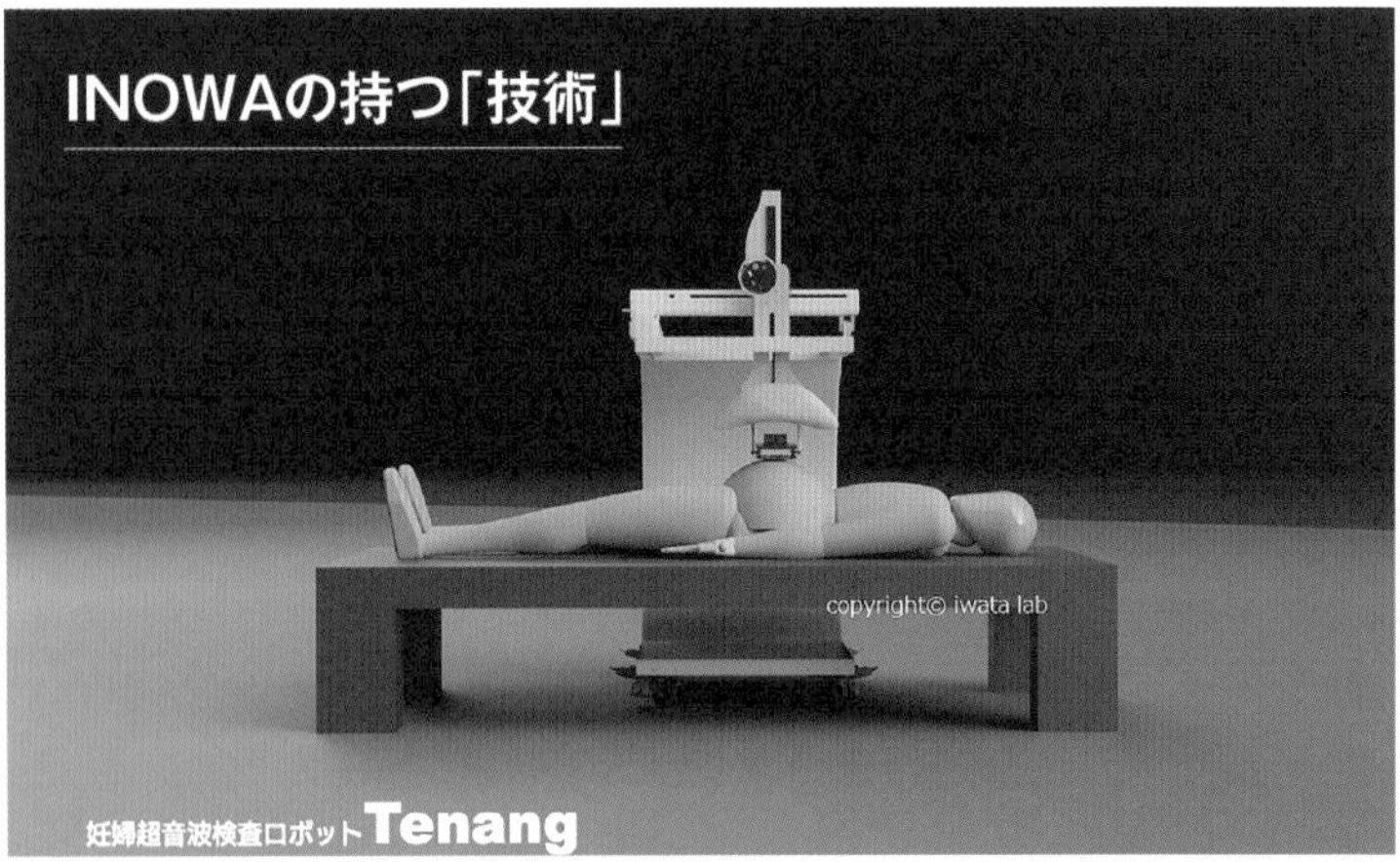

Fig 8　妊婦の超音波検査を自動化できるロボット「Tenang」（INOWAのWebサイト（https://www.inowamed.com/robot）から引用）

度を左右することに注目しました。そこで、救急車で搬送中や事故の現場において内出血患者を診断できるシステムを考案しました。患者の身体に装着したロボットを、医師が遠隔操作して超音波で診断する仕組みです。ここで培った技術が、妊婦の遠隔検診技術につながり、今回の事業化に発展したわけです。

ロボットを用いた遠隔診断の技術は、自在化の文脈からも今後重要度を増すと考えています。現在、テレワークやオンライン学習など、現実の活動をネットワーク経由に置き換えたり補強したりする動きが急速に進展しています。ネットワーク上の人の活動が増えるにつれて、アバターなど情報空間での身体を自分自身のように使用可能にする自在化技術が重要になります。それと同時に、情報空間を介してつながった異なる物理空間の間の自在化技術も、ますます大切になると考えています。例えばオンライン診断で患者と接した医師は、相手の場所に検査装置があれば、それを操って検査をしたいと思うはずです。ＩＮＯＷＡの技術はこうした用途にも役立てられます。今後も同様な要望に応えるロボット技術を育んでいくつもりです。

我々が手掛けた技術が全て実用につながるとは限りません。豚を使った実験の話で触れたリトラクタの技術は、今のところ研究段階にとどまったままです。技術自体への評価は高く、２００７年には日本機械学会のベストプレゼンテーション賞をいただきました。その後、ある企業と実用化の検討を進めましたが、残念ながら事業には結びつきませんでした。それでも、この研究から多くの知見を得ることができましたし、我々が活用できる技術のレパートリーの１つとして、いつでも使える状態にあります。

現場のニーズに応える

２０１９年にはこのほかにも2つ、別のベンチャー企業を立ち上げました。１つは排泄を検出できる介護用おむつ事業を展開するオムツテック、もう1つは極細の注射針を腫瘍に対して正確に差し込むロボットでがん治療を支援するロックアンドロータスです。どちらも我々の研究室で開発した技術をベースにしています。

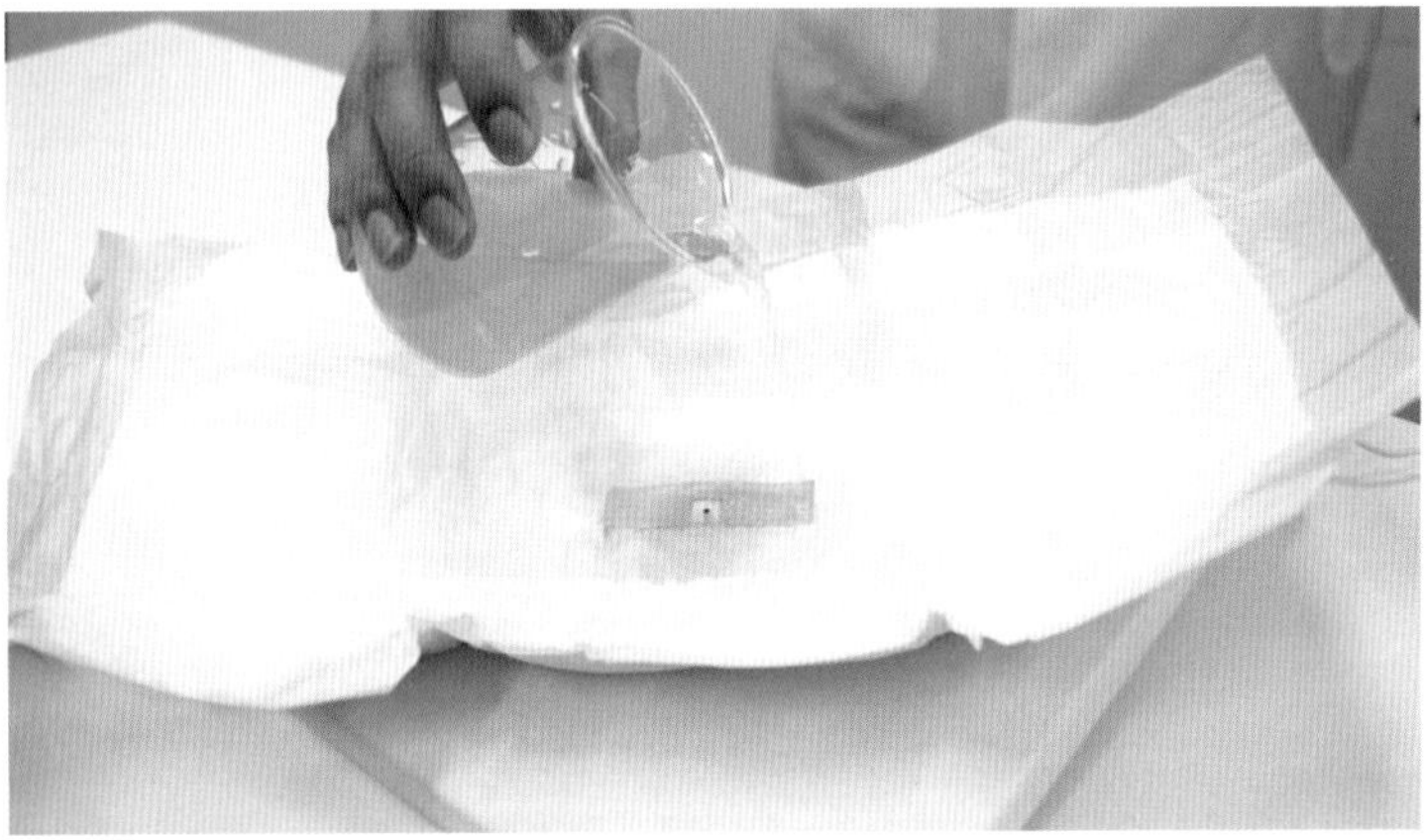

Fig 9　オムツテックは介護用おむつに取り付けたセンサでお漏らしを検知する技術の実用化を目指す（オムツテックのWebサイト（https://omutsu-tech.com）から引用）

前者のオムツテックの事業は、現場のニーズから生まれた発想の典型例です。私がある場所で講演したときに、介護施設では被介護者のおむつの状態を見て回る手間が非常に大きいと聞いたことがきっかけでした。この問題を知った私は、我々の技術を使えば、お漏らしを高精度に検出するセンサができるのではないかと閃きました。

実は同様な目的の技術は以前からありました。被介護者が身に付けたセンサで、お漏らしをする前に検出するというものです。一見、お漏らしを事前に検出できた方が優れた解決策に思えます。ところが事前の検出は技術的に難度が高いため、ある程度の誤検出があり、その場合にやはり施設側の手間が増えてしまう難点があったと聞きました。

我々の技術を使うと単純な仕組みのセンサで検出ができるので誤検出を極力減らせます。電池が不要で普通のおむつに取り付けて使え、使用後はそのまま廃棄できます。生産コストは安く、量産すれば1つ数円で製造することも夢ではありません。今後は実際の介護施設と協力しながら事業を広げていく計画です。

デザイン思考とビジョン思考

こうした研究から事業化へ至る一連の経験から、工学系の研究者の考え方も従来の技術志向から改める必要があるのではないかと感じています。学会の中で注目を集めることはもちろん大切ですが、産業界でイノベーションの必要性が叫ばれる昨今、研究者も具体的な用途に革新をもたらす技術を構想することが重要になっています。こう考えるのは私が「すぐにでも役立つものを作りたい」と考えているためかもしれませんが、新技術を開発する本分が社会に対する貢献である以上、研究者といえども産業界の動向に無関心ではいられません。

その上で最近私が大事にしている考え方が、デザイン思考とビジョン思考です。いずれの言葉も我流の解釈で使っており、専門家の定義とニュアンスがずれるかもしれませんが、ここでの狙いは一般的な概念の紹介ではなく、私が大事だと考えるポイントの説明なのでご容赦ください。

最初のデザイン思考とは、デザイナーの思考方法を製品やサービスの開発、事業のやり方などに広げることで、イノベーティブ（革新的）な解決策を見つける方法論といえます。米国の有名な工業デザイン事務所、IDEOの取り組みを通して、広く知られるようになりました。

具体的なポイントは、ユーザーの視点から物事を見ることや、実際にものを作って素早く改良していくといったことでしょう。理屈よりも現場、想像よりも実践を重視する考え方です。本稿でここまで説明してきた通り、我々はまさにこうした哲学に基づいて開発を進めてきたつもりです。デザイン思考は、現場で起こっている問題を解決するために不可欠の思考方法だと思います。

もう1つのビジョン思考は、もっと直感的、あるいは妄想的な方法とさえいえるかもしれません。起こりうる問題を先回りして解決するような思考法です。ビジョン思考では、目の前の問題に注目する代わりに、社会はこうあるべきだ、人はこうあるべきだという将来像をまず考えます。その上で、それを実現するため、あるいはその実現を妨げる問題を解決するために研究をするわけです。我々の取り組みでは、自在化の研究、例えばデタッチャブルボディなどが、ビジョン思考に基づくテーマといえるでしょう。

このような意味でのビジョン思考を実践している研究者は少なくないと思います。ただし、自分の頭の中で考えただけのビジョンは、ややもすると独りよがりに終わってしまいます。多くの人を惹きつけるビジョンを作るには、他者の視点が欠かせません。他者の視点をうまく取り入れる方法の1つは、異分野の研究者と力を合わせる学際的な研究だと思います。

現在、技術の力で社会を変えつつあるトップランナーの企業は、GAFA（Google、Amazon、Facebook、Apple）とも呼ばれる米国のIT大手でしょう。これらの各社は確固たる将来のビジョンを抱き、その実現に向けて1つひとつ手を打っているように見えます。実際に行動する中で現れる問題や壁には、デザイン思考で立ち向かっているのでしょう。これと同様に、日本の研究者が未来を切り開くためには、ビジョン思考やデザイン思考に基づく、社会にインパクトをもたらす活動が求められていると思います。

タイプごとに能力を引き出す

大学に身を置くものとして、もう1つ力を入れているのが研究者の育成です。我々の研究室に加わった学生が、一人前の研究者や社会人として活躍してもらえるように、自分なりに工夫してきたつもりです。最近の学生には私のように失敗を恐れずに猛進するタイプは少なく、世代の違いもあるため、相互理解が難しい部分もあるかもしれません。そこで、できるだけ学生と話をする機会を設けてギャップを埋めるようにしています。

例えば週に1回は、必ず研究方針や自分が考えていることを学生たちに伝えます。ありのままの考えをさらけ出し、できるだけ簡単な言葉を使うように気を配っています。繰り返し話をするうちに、学生側もだんだん自分を受け入れてくれる実感があります。ある程度自分を受け入れてもらうにつれて、「君は何をしたい?」など、これからの方向性を相談していくのです。

私の見立てでは、最近の学生には大きく3つの類型があるように思います。まず、最初から自分がやりたいことがわかっていて、積極的に研究を進めるタイプ。次に、方向を示してあげると途中から爆発的に研究に取り組むタイプ。最後に、こちらの指示を基に淡々と成果を積み上げるタイプです。どのタイプがいい、悪いではなく、いずれも大きな成果を上げるポテンシャルを秘めています。ただ、その可能性を引き出すためには、指導の方法はタイプごとに変えた方がよさそうです。

例えば、研究テーマを紹介してこの指とまれで参加者を募ったり、自分でやりたいテーマを提案させたりといった方法をとっても、学生のタイプによっては全く響かず、誰からも返事がなかったりします。そういう場合は、こちらからテーマを振り分けた方が研究がうまく回ります。この方法は、こちらの考えを毎週学生に伝えていると相乗効果があるようです。

ワインの話で紹介したように、実際に試してみないと自分が何をしたいのかは大概わかりません。その入り口を示してあげることも、教育者の重要な役割だと思います。

2つ以上のアイデンティティを

研究者にとって、時には自らの研究からちょっと距離をおいてみることも必要でしょう。以前、米アマゾン・ドット・コム社が開催していた「アマゾン・ピッキング・チャレンジ」[*5]のような外部のコンテストに参加することは、実力を磨き、視野を広げるいい経験になると思います。企業との共同研究に参加したり、今の自分では達成が難しそうな高い目標を掲げたりすることも大いに刺激になります。その中から、自分自身でも気づかなかったいい部分、意外な能力が見つかったりします。自分の好きなことが、試してみて初めてわかるのと同じです。

　同様に、研究でも実生活でも常に2つの以上の軸を持っていることがとても大事だと思っています。会社では仕事人であっても、家庭では子煩悩な父親に、といったあんばいです。多くの役割を担ってみるほど、自分を深く知ることができます。

　研究でも、プロジェクトの一員としての研究テーマがあっても、それとは別に自分独自のテーマを持つべきです。自分の軸が2つ以上あれば、仮に1つがダメになっても、別の軸でアイデンティティを保つことができます。複数のテーマがあれば、研究のリスクヘッジも図れます。自在化のような大きなプロジェクトで自分のアイデンティティをうまく発揮できなかったとしたら、もう1つの軸で頑張ればいいし、逆に自分独自の軸が停滞した時には、皆で共通の目標を目指すプロジェクトの中に自分の役割を見出せばいいのです。

＊5　Amazon社が2015年から毎年開催していた技術の優劣をコンテスト形式で競うグランドチャレンジ。配送センターで棚から目的の商品を自動的に取り出すピッキング技術は今でも難問。2017年はアマゾン・ロボティクス・チャレンジと名前を変えて愛知県名古屋市で開催された。

自分自身の自在化

だからというわけでもないですが、私は日常的にいくつもの役割をこなすように心がけています。最近はやりたいことが多すぎて、仕事が少し飽和気味です。自在化のような国の研究プロジェクトへの参画、大学の教員という役割に加えて、先ほど紹介したベンチャー企業3社でCTOも務めています。複数の分野で同時に活動し成果を求められる状況です。

これだけ多くの役割をこなすことは事実上無理なのでは、とよくいわれますが、自分自身は全く心配していません。同時にいろいろなことをやっていくうちにやり方が見えてきます。例えばダブルブッキングの問題がしばしば起きつつあるのですが、これは逆に良いことなのではないかと思い始めています。同時に2つの仕事をこなすことができたらものすごくハッピーですし、まさに働き方改革です。自在化身体プロジェクトには私以上にアグレッシブな稲見教授などマルチタスクの達人がたくさんいますので、大いに参考にしたいところです。

自在化の研究には人間の限界を超えるという意味もあるため、その前に自分自身の限界を超える体験をしないといけないのではないかという思いもあります。複数の仕事を同時にこなせる術を体得できれば、ある意味で自分自身を自在化できたといえるのかもしれません。これまで自分の限界と思っていた範囲が、大きく広がることになるからです。今の経験が新しい自在化身体のコンセプトにつながるなといいなと思っています。

多様な仕事を同時にこなす1つの鍵は、研究室やプロジェクト、ベンチャー企業の仲間と力を合わせていくことです。研究や事業のパートナーに自分の考えばかりを押し付けてしまうとブラックな環境になってしまうので、皆がやりがいを感じてウインウインになれるような研究室や職場を作っていきたいと考えています。ひょっとすると、自在化における分身や合体ではないですが、自分と同じ考えを共有して、自在に集合・離散を繰り返しながら研究や事業を加速できるチームを作ることが、「自分の自在化」の解なのかもしれません。

6

杉本麻樹

バーチャル環境を活用した身体自在化とその限界を探る

Maki SUGIMOTO

慶應義塾大学 理工学部
情報工学科 教授 博士(工学)

JST ERATO稲見自在化身体プロジェクト バーチャル身体構築グループグループリーダー

Fig 1　ドライビングは操作対象の自在化の身近な一例（写真は富士スピードウェイで開催された耐久レースK4-GPでの筆者）

私たちに身近な身体の自在化の例として、車輌などの生得的な身体以外のものを操作しているシーンを挙げることができます。コーナーの進入で曲率に併せてブレーキング・シフトダウンして、ハンドルを切る。こうした日常的なシーンの中でも、速度と軌道を選択しているだけではなく、個々の車輌の身体性を考慮して、車体のモーメント・タイヤ荷重・エンジントルクといった多様なパラメータを制御することで、最適に車輌を操作することが行われています。

操作する車輌が変わると、世界観や自己認識が変わる。これは、車輌の身体に自分自身を投影することが行われているからにほかなりません。

車輌操作に見る自動化と自在化

マニュアル車を自分の意志で思い通りに操る行為には、「自在」という言葉がぴったり当てはまります。しかし、その境地に達するまでには十分な経験を積まなければなりません。マニュアル車の愛好家が少数派になってしまったように、多くの人にとって、これはなかなか乗り越えがたいハードルです。

技術の力によって、このハードルを引き下げることができます。米国自動車技術会（ＳＡＥ）が規定している自動運転レベル４以上のシステム[*1]が開発されることで、基本的に人が運転せずとも走るクルマが実現します。こうした自動運転車両が将来、私たちの日常にも入ってきます。一方で、完全に自動化したクルマに自分自身を投影することができるでしょうか。ドライバーにとっては、１００％自動化された車輌は、自己投影が可能な身体の延長ではなく、サービスを提供してくれるだけの他者になってしまうかもしれません。

車輌に対する所有感と運転に対する主体感を持たせるためには、完全な自動化を実現するだけではなく、ユーザーの意図を理解して自動運転と直接的な操作の間を任意に移行することができる自在化

＊1　ＳＡＥは自動運転のレベルとして最も簡単なレベル1から完全自動運転のレベル5までを規定している。日本では2020年春にレベル3の自動運転が世界に先駆け解禁され、対応する車両が今後市販される予定。

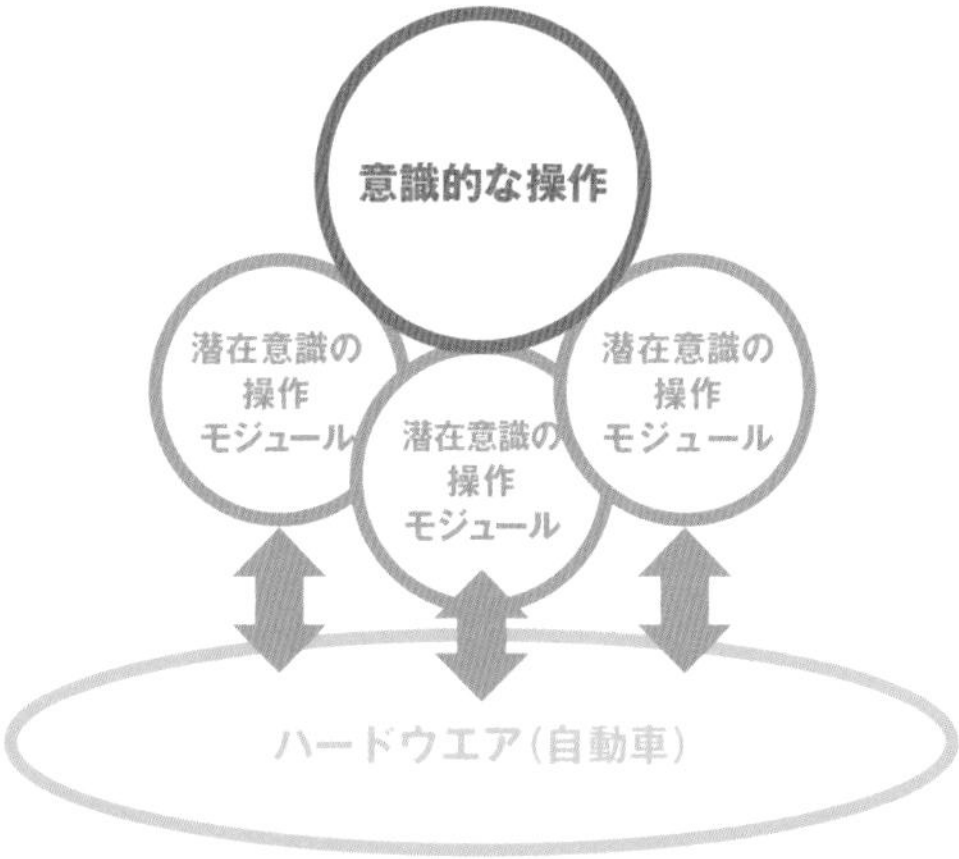

Fig 2　熟練ドライバーは潜在意識レベルの操作を活用して自動車を運転している

が重要になると考えられます。

自動運転の技術を応用することで、車に初めて乗る人にも、あたかも自分が意のままに運転しているかのような体験を届けることができるはずです。運転者の技能や状況に合わせて、運転者と自動車が協調しながら、運転者に自在に操っている感覚を失わせずに運転を支援するといったことが可能と考えられます。

自動運転車が普及しても、自分の意志で機械を自在に操る運転という行為自体の楽しみは、車輌との体験において大切なものであると考えられます。ドライビングを趣味としている人に限らず、広い顧客層に運転の楽しさを広げるには、自在化の発想や技術を持ち込むのが1つの方法だと思います。熟練ドライバーが意識せずに実行している操作を自動車側が適切に補ってくれれば、熟練者が味わう「自在感」が初心者にも伝わる可能性があります。自動運転だけでなく、いわば「自在化運転」する技術が大切ではないかと考えられるわけです。

自在に操っている感覚を運転者に持たせるためには、本人の意図を汲んで本人にも予測できる形で支援する必要があります。実は熟練したドライバーは、意図した走行をするために、多数の動作を、明確には自覚されない潜在意識で実行しています。クラッチを踏んで素早くギヤチェンジし、回転数を同期させながらクラッチを戻す——こうした一連の動きは身体が覚えていて、半ば自動的に操作できます。自動車をこう動かしたいというイメージがあれば、あとは身体が勝手に動いてクルマを操っているわけです。

　こうした操作を行っている瞬間、自動車はドライバーの身体の一部と化しているといえます。意識せずに操るといってもドライバーに操作の自覚がまったくないわけではないからです。無意識（unconscious）というより、潜在意識（subconscious）で操作している感覚です。

　とりわけ冒頭のシーンのように運転に没頭する時には、熟練ドライバーの意識は瞬時に研ぎ澄まされます。マニュアルトランスミッ

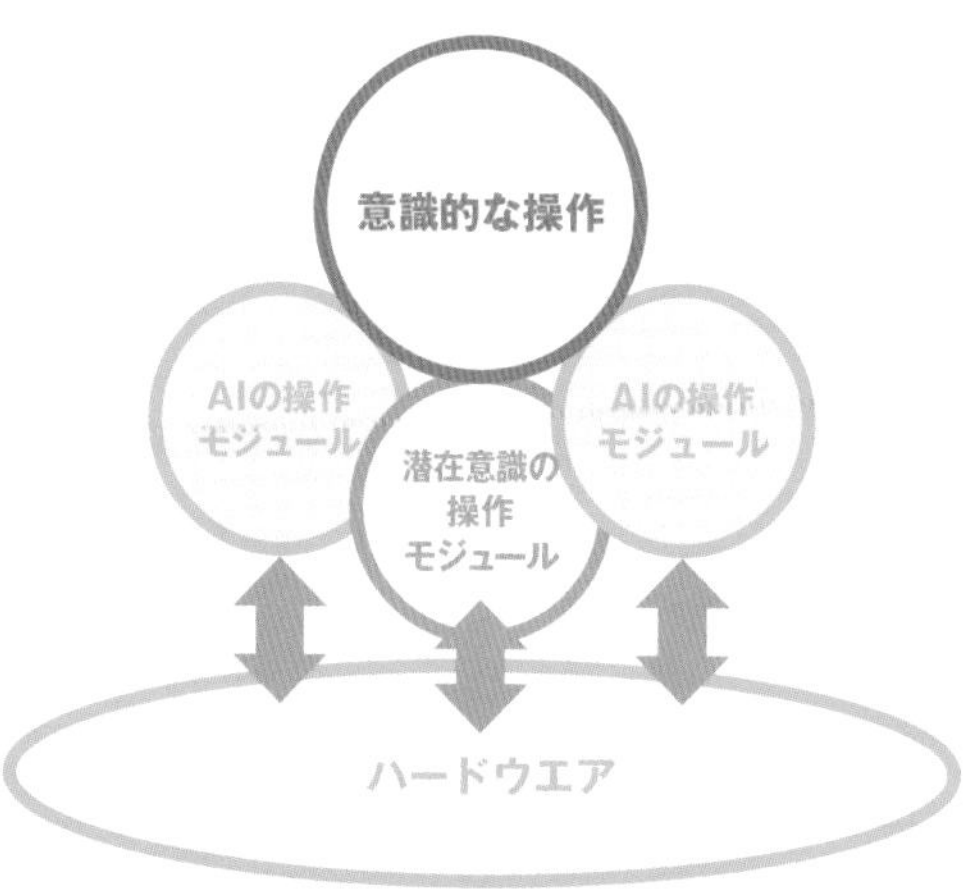

Fig 3　熟練ドライバーの潜在意識レベルの操作を人工知能（AI）で置き換えると、初心者でも熟練者と同様な運転を楽しめる可能性がある

ションが好きな人はよく分かると思いますが、ギヤチェンジする際のシフトレバーのストロークの長さ、ギヤが入る感触、エンジンの回転数、音、振動といったフィーリングがとても大事になります。熟練ドライバーは、意識的な操作と潜在意識の動作を、場面に応じて上手に使い分けながら運転しているわけです。

この議論からわかるのは、人工物を自在に操る感覚を与えるには、ユーザーの意図をシステム側が正確に読み取り、それに応じてどこまで支援するかをその都度決める必要があることです。そのためには、人の潜在意識の状態や意識下にある感情などまでシステム側で検知する必要があるかもしれません。その上で、ユーザーの行動（マニュアル）とシステムの動作（自動）をうまくバランスさせ、状況に応じてシームレスに切り替えることが重要になります。

マニュアル操作における自在化と全自動の間

自在化身体の研究の課題として、こうした身体の操作について考えてみるならば、マニュアルと自動を両極とすると、私たちの考える自在化の1つの在り方はこれらの両極の間を随意に選択できることかもしれません。マニュアルと自動の間に広がるグラデーションの領域を臨機応変に行き来し、機械の知性と協調しながらも自分で自在に操っている感もあるという状態をうまくデザインすることが自在化の肝だと思います。

自在化の狙いは快適な操作感の提供にとどまりません。安全性の向上にも一役買います。例えば交通事故の原因について考えると、長時間運転に伴う過労や居眠りなどがある一方で、自動ブレーキやオートクルーズなど安全運転サポートシステムを過信したがために起きる事故も問題になっています。米国での自動運転の市街地走行実験においてもシステムが状況認識を失敗した際に、ドライバーが全て自動運転に任せてしまっていたことによって死亡事故が起きてしまっています。

これを防ぐには機械側が人の状態をモニタリングし、マニュアルと自動の間で適切な制御を選ぶ方法が有効と考えられます。人が運転したいと思ってハンドルを握るとドライバー側に操作の主導権が来るものの、ドライバーの疲れや不注意を検知したらシステム側が忖度して自動運転モードに切り替わり、安全に運転するというように。

人間には無意識のうちに身体を守る仕組みが備わっています。何かにつまづいたりすると反射的に身体を守る行動をとるといった具合です。これと同様に自在化身体が本人の気づかないうちに自分を守ってくれるわけです。

表情で拡張した身体を操作する

私たちは、自在化身体の研究の一環として、ユーザーの意図を機械の動作にどのようにマッピングすれば自在に扱えるようになるのかを探っています。例えばユーザーに3本目、4本目の腕を追加し

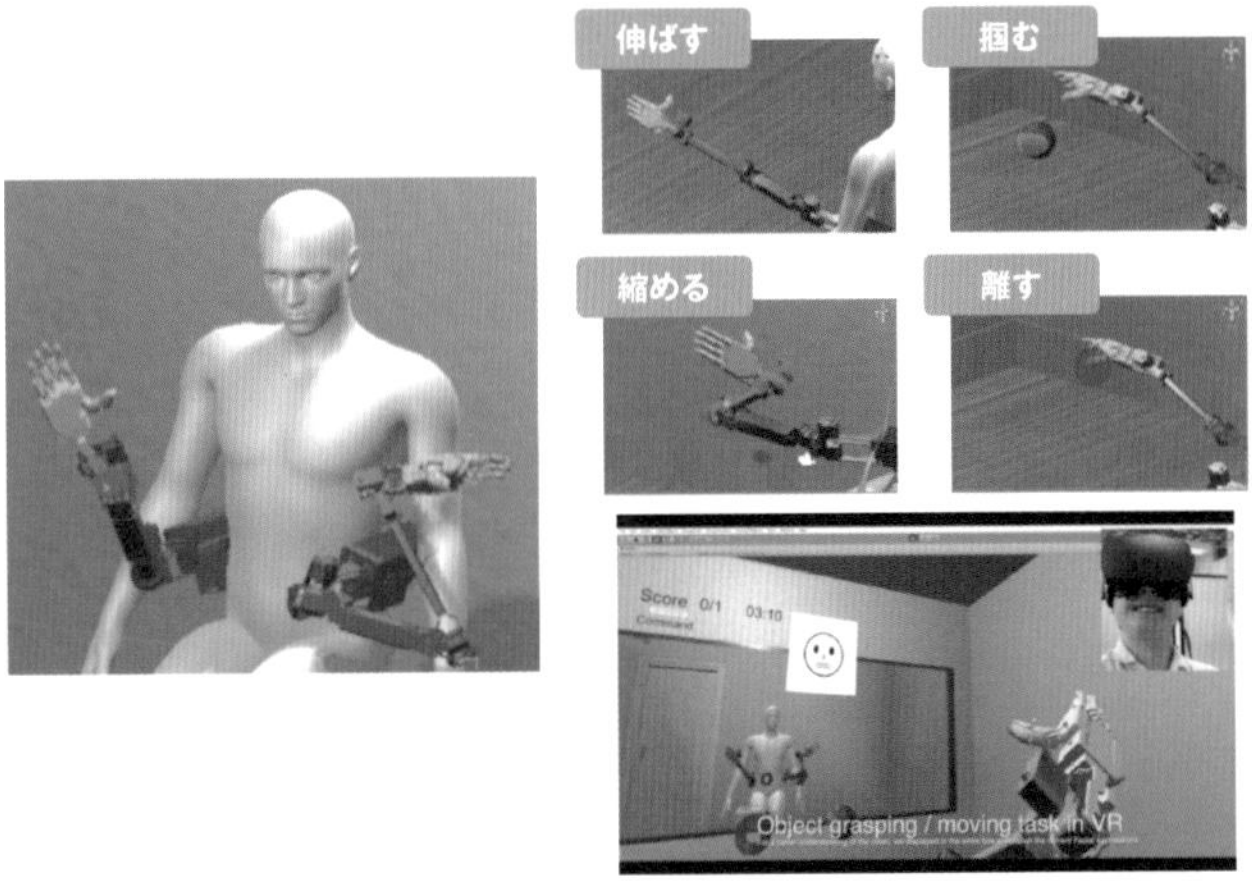

Fig 4 バーチャル空間内の「Metalimbs」を顔の表情で操作する技術を開発した（写真は, M. Fukuoka, et al.," FaceDrive: Facial Expression Driven Operation to Control Virtual Supernumerary Robotic Arms" から引用）

たときの操作手段として、顔の表情で指示を出す方法の効果を確かめました。先述の装着型ロボットアーム「Metalimbs」の例では、これまでに足の動きで操作する手法が提案されています。この方法は直感的な操作が可能ですが、現実の作業で使うときには必ずしも足が空いているとは限りません。表情であれば四肢の運動に影響することなく利用できるうえ、多種多様な表情をいくつものコマンドに関連づけられます。

　こうした操作方法の有用性を検証するためにバーチャル空間での装着型ロボットアームのシミュレーション環境を構築しました。この環境では、頭部に装着するディスプレイ（HMD：Head-Mounted Display）の内部に皮膚表面とセンサーの距離に応じた反射強度を検知する光センサーを組み込んで、ユーザーの表情を推定する技術を使いました。ロボットアームには多くの関節があり、それに応じた自由度がありますが、ユーザーが表情で個別に関節の角度を指定するのはまず無理です。そこで、ある方向に腕を伸ばす・縮める、ものを掴む・離すといった動作に対応するコマンドを表情に割り当て、ユーザーが考慮する自由度を減らしています。コマンドと表情の対応づけには機械学習を用いました。

この研究からわかったことは、バーチャルなロボットの腕を伸ばす動作には口を大きく開ける、縮めるには口をすぼめるなど、動きを連想しやすい表情を利用すると操作がしやすいことです。実験では、参加者が表情のコマンドでバーチャル空間内の装着型ロボットアームを操作し、ボールをつかんで指定の場所へ移動させるといったタスクを実行できることを確認しました。この研究では、ユーザーにとって操作しやすい任意の表情を機械学習させることで、拡張した身体の操作を実現可能であることを示しました。

動作を分節に区切る

この研究で参考にした先行研究の1つは、大阪大学の前田太郎教授[*2]が提唱した「つもり制御」です。

*2 大阪大学 大学院情報科学研究科 教授。サイバネティィクス研究の第一人者。ヒトの知覚や運動メカニズムを解明し、ヒト自身の身体機能を補佐・拡張する直感的で新しいインタフェースの研究開発を行う。パラサイトヒューマンの概念、アイデア発案者としても有名。

つもり制御では、ロボットの単純な動作①をユーザーに見せた後に、それに向くと思う操縦桿の操作②をユーザーに実演してもらうと、ロボットの動作①に操縦桿の操作②が実際に割り当てられます。先述の実験でも、ロボットアームの動作を表示した後で、その動作にどの表情を割り当てるかを実験参加者に選んでもらい、行動対応した直感的な操作を実現しています。

つもり制御の発想の根本には、動作の分節という考え方があります。人の意志に基づく運動（随意運動）を分析すると、単位となる1つひとつの動作に分割できることがわかります。この単位を動作の分節と呼びます。同様に、つもり制御では制御対象であるロボットの動作も分節に区切ることで、人間に操作しやすくなると考えます。

ロボットの動作の分節ごとに、異なる操縦桿の操作をあらかじめ割り当てておけば、これらの操作を組み合わせることで、ユーザーは複数の分節から成る一連の動作をロボットに指示できるわけです。私たちの実験では、ロボットアームを伸ばす、ものを掴むといった動作が分節に相当し、操縦桿の代わりに表情を利用したことになります。

前田教授らは、どんなに複雑な動作も分節に区切ることができれば、同様な発想で制御できると考えました。その上で私たちは、拡張身体においても動作の分節ごとに、表情や仕草といったユーザーの意図を示す行為を、適切にマッピングできるのではないかと想定しています。

ロボットアームを伸ばすコマンドには、口を開ける仕草の方が、目をつぶるよりもわかりやすいはずです。同様に、自分の身体を拡張する機械の動作と、操作する本人の意志表示手段の間には、多くの人にとって自然な対応関係がありそうです。必ずしも一対一に対応するわけではないでしょうし、個人ごとに違いがあるかもしれませんが、多くの人が操作しやすい対応関係の地図のようなものを作れないかとも考えています。

拡張身体に慣れるために

こうした研究をしていると、「腕が3本、4本ある世界に人は慣れるのですか」とよく聞かれます。一概に答えられない質問ですが、現実世界の身体とのマッピング次第で慣れや学習の速度が変わってくると考えられます。

もちろん、こうした操作は、人にとって自然な別の操作手段があります。声に出した言葉、つまり音声コマンドで指示する方法です。音声コマンドを使うとユーザーの意図の曖昧さが大きく減る一方で、キーワードを発するための一連の状態遷移が必要になるため、自分の身体の一部という感覚は得にくくなります。このため言語を用いた音声コマンドと、非言語の表情コマンドなどを使った操作は、補完的な関係にあると考えています。

研究プロジェクトの中では、すでに頭部の方向と言語コマンドを併用した操作を、早稲田大学 岩田教授のチームが研究しており、用途に応じて組み合わせた操作を行うといったことも可能かもしれません。

拡張した身体の限界は

人の身体能力を拡張できるさまざまな道具やロボット、バーチャル空間内のアバターなども自在化の対象になります。身近な例では、機械が人の無意識の状態を検知し、空調設備を調整したり、シーンに合わせた音楽の選曲を通じて人を快適にしたりできるかもしれません。想像をたくましくすれば、ヤマタノオロチのような、人とは似ても似つかない身体を自由自在に操る技術まで研究対象になります。自在化は懐の深い研究分野といえます。

中でも私たちが注力しているのは、バーチャルな環境を活用して、自在化身体の限界や社会行動に与える影響などを探る研究です。そもそも自分の身体とは、自己と周囲の環境の間の境界であると考えることができます。バーチャルな環境を利用することで、この境界を物理的な制約を超えて書き換え可能になります。自在化身体の中で私たちが探求していることの1つは、この境界をどこまで書き換えても自分と認識できるのかという限界です。

バーチャル環境の中では、基本的にどのような身体も表現できます。人の身体ではあり得ないさまざまな形状や極めて多くの自由度を達成できるのはもちろん、1人で何体もの身体を操る「分身」や、他人と身体を共有する「合体」の実現も容易です。私たちは、例えば1人の人間が分身したときに、いっ

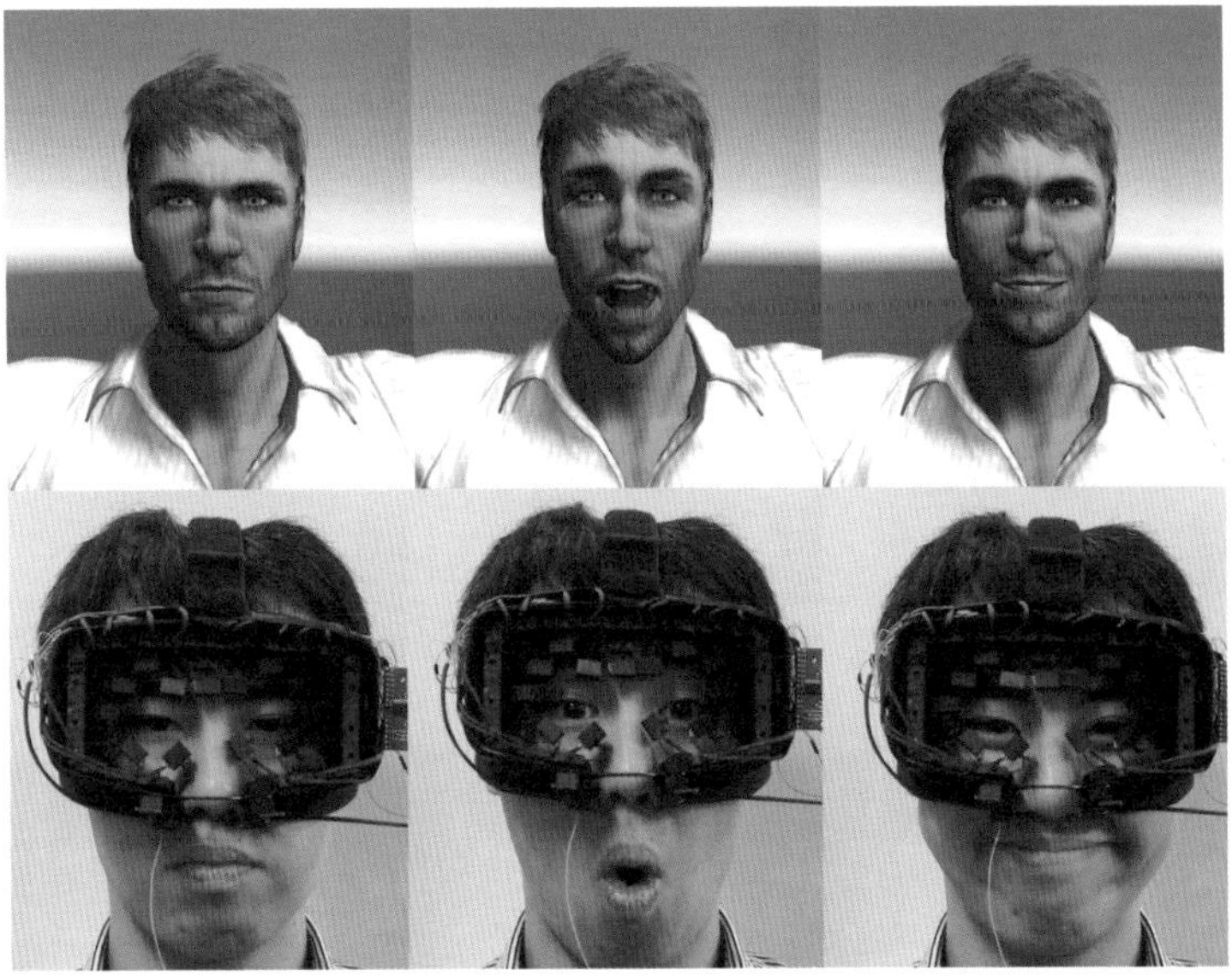

Fig 5　バーチャル環境における身体自在化の基盤技術として、ユーザーの顔表情の認識を行い、アバターに反映している事例（写真はK. Suzuki et al., "Recognition and Mapping of Facial Expressions to Avatar by Embedded Photo Reflective Sensors in Head Mounted Display" から引用）

たいいくつの身体を同時に自分の身体として操れるのかなどを調べています。後述するように、複数の身体と運動や感覚を同期しても、人は訓練によって扱えることがわかってきました。

バーチャル空間の利用価値

これまでバーチャル環境は、物理的な世界のシミュレータとして使うことが想定されていました。例えば稲見先生が研究している装着型ロボットアーム「メタリム（MetaLimbs）」の訓練用に、バーチャル環境のアバターに3本目の腕を着けて操作練習するシステムを構築するといった形が可能と考えられます。

もちろん、こうした使い方は有用ですが、最近ではテレワークやSNSなどでバーチャル空間そのものの利用が広がり、もはや日常生活の一部と化してきました。バーチャルな自在化身体自体に、大きな利用価値を見込めるようになりつつあります。今後も。この傾向は強まりこそすれ、後戻りすることはないでしょう。バーチャル空間ならではの利便性は物理空間では到底得られないからです。

このため、物理的には実現不可能な身体であっても、どこまで人は対応できるのかを調べる研究は非常に有意義だと考えています。サイバー空間で進化する人間の将来像を探る研究ともいえるかもしれません。

行為に対する主体感を醸成

では、物理的には自分の身体ではないものを、自分の身体のように感じてもらうには、具体的にどうすればいいのでしょうか。そのため重要なのが、自分が操作しているという主体的な感覚をユーザーに与えることです。

行為に対する主体感を生起するヒントは、人の脳と身体の関係を探った研究から得られます。キーワードの1つが「遠心性コピー（efference copy）」です。[*3][*4] 人間が自分の身体を動かす場合、脳から筋肉に向けて動作の指令が送られます。この時、筋肉に向けて発されるのと同じ信号が、脳内に

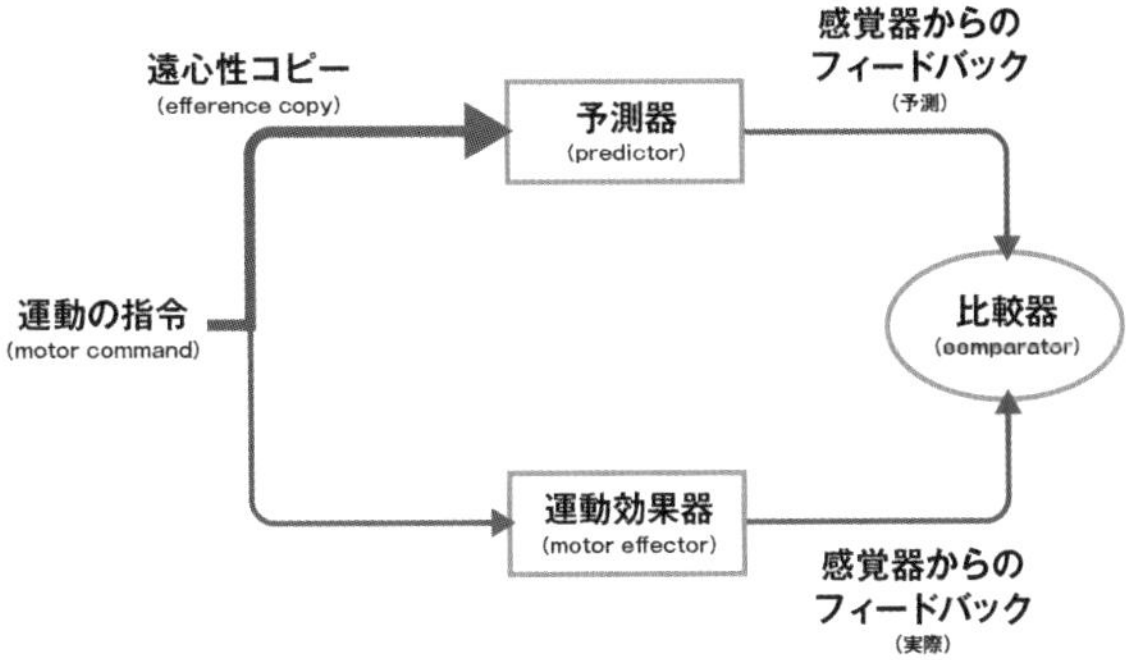

Fig 6　遠心性コピーは人の身体が動いた時の感覚器からのフィードバックを予測するために使われる。予測されたフィードバックは、実際のフィードバックと比較されて、動作の補正などに利用される（図はA. Baza, "From sensorimotor inhibition to Freudian repression: insights from psychosis applied to neurosis" から引用）

フィードバックされることが知られています。この信号が遠心性コピーです。遠心性と呼ぶのは、脳から筋肉などの末端に信号を伝える神経を遠心性（efference）神経と呼ぶことから来ています。

遠心性コピーは、身体が自分の意図通りに動いたかどうかを確認するために使われます。脳からの指令によって対象の筋肉が動くと、その動きは感覚器を通じて脳に伝わります。一方で、脳内には指令に対して筋肉がどう動くかを予測する神経ネットワーク（予測モデル）があって、そこに遠心性コピーが入力されると動作の推定結果が得られます。この結果と感覚器から得られた動きを比較することで、潜在的なプロセスで

＊3　von Holst EV and Mittelstaedt H, "The reafference principle". Naturwissenschaften, 37, pp. 464-467 : 1950

＊4　Bruce Bridgeman, "A review of the role of efference copy in sensory and oculomotor control systems", Annals of Biomedical Engineering volume 23, pp. 409-422, 1995

身体が思ったように動いたかどうかを確かめています。この仕組みは私たちの脳の中で常に動いていて、動作の補正や脳内の予測モデルの学習に利用されています。

身体や道具を自在に扱えるようになるとは、脳内のモデルの予測結果が、感覚器から得られる動作とぴったり一致するような状況と考えられます。幼児が試行錯誤を通して身体の使い方を覚えていく過程に脳内モデルの精緻化が含まれるのと同様、例えばドライバーが自動車のマニュアル運転に習熟するには、自分の意図に対して自動車がどう反応するかを推測するモデルを学習しているはずです。ハンドルをどれくらい切ったのかという筋肉への指令（motor command）に基づいて、視覚や聴覚、体性感覚から得られる自動車の動き（sensory feedback）を予測するわけです。その結果と実際のクルマの挙動に差分がなければ、私たちは自動車を身体化していると感じることができます。両者に差分があると違和感を覚えたり酔いや吐き気に繋がったりします。

予測モデルの獲得を支援

つまり、様々な機械を自在に扱うためには、人はその挙動を無意識かつ正確に予測できるモデルを学習する必要があります。頭の中のモデルなので、説明を聞けば終わりというわけにはいかず、ある程度の経験を積むことがどうしても求められます。ただし、技術によってモデルの学習を助けたり、学習の手間を極力減らしたりはできるはずです。この点も自在化技術の1つの目標といえます。

そのための手段として、例えばバーチャル空間内でユーザーを学習させる方法があります。バーチャル空間では物理空間の制約を取り払うことで、学習をより容易にすることが可能です。

楽器の演奏でも同じようなことが考えられます。現在では、ほぼ全ての楽器がコンピュータで演奏可能であり、演奏者が人か機械かを素人では判別できないレベルです。ボーカロイドを使えばボーカルも機械で代替できます。初心者がこの力を借りない手はありません。自分がいつも通り演奏していても、プロ顔負けの演奏になるように機械に補ってもらうわけです。

ただし機械の助けが当たり前になると演奏は上達しませんから、学習効果を高めるためには機械のサポートを徐々に減らす必要がありそうです。そうすれば、素人の段階から良い演奏ができるので学習のモチベーションが上がるうえ、技能のレベルを無理なく段階的に高められるので効率的に学習できます。補助の度合いは機械側が変えるだけでなく、どこまで機械に任せるかをユーザーが決められるチューニングを取り入れるといったことも効果的かもしれません。

機械側にユーザーのモデル

機械がユーザーの意図を汲み取って操作を補助することも、ユーザーが学習すべきモデルを簡略化する一つの方法といえます。ユーザーが思った通りに機械が動くのであれば、脳内の予測モデルの学習の必要性を低減することができるからです。

ユーザーの意図を推測するために利用できる技術が機械学習です。機械学習を使うと、カメラや各種のセンサーなどからとらえたユーザーの仕草や表情、身のこなしなどを、機械を動かすコマンドにマッピングできます。言葉をかえると、ユーザーの行為からその意図（どのコマンドを発したいのか）を推測するモデルを、機械側が持つようになるわけです。ユーザーに複雑なモデルを学習してもらう代わりに、機械がその負担を負う方法といえます。

機械側がユーザーのモデルを持つためには、あらかじめ機械を学習させておく必要があります。どういった行為がどのコマンドに当たるのかを対応づけたデータを大量に集めて、両者の関係を機械に学ばせます。学習には通常、多くのユーザーから集めたデータを使うため、1人ひとりの個人差を必ずしも反映できません。この点は、個人が利用する間に集めたデータを使って、モデルを再学習することで対応できます。学習済みのモデルを基に、少ないデータで再学習させる転移学習（transfer learning）[*5]なども有用な方法です。

注意が必要なのは、機械学習や、その一種で学習能力が高い深層学習（ディープラーニング）をもってしても、ユーザーの細かい意図を浮き彫りにするのは簡単ではないことです。人間同士でも相手の心を読むことは難しいので、機械学習においても課題があるのは当たり前かもしれません。

私たちは、こうした制約を踏まえながら、人の複雑な状態を、操作対象への指示に対応づけることが1つの可能なアプローチだと考えています。一般に自在化身体は、人の身体ができることの自由度を増やします。この自由度すべてを人が意識的に操作したり、無意識に操れるほど習熟したりすることは非常に大きな負担になります。ユーザー側の自由度は必要最小限にし、複雑な操作はシステム側に任せることで、多種多様な作業を可能にするのが理想ではないかとも考えています。

自分を消して情報を増やす

バーチャル空間での自在化身体を考える上で興味深いポイントが、自分自身や拡張した身体を本人に対してどう提示するかです。言葉をかえると、バーチャル空間の中での自己認知手段をどのように提供するかという問題に当たります。

実は、自在といえるほど身体の操作に習熟すると、自身の身体は見えなくなってもほとんど問題がありません。日常生活でも仕事やゲームに熱中していわゆる「フロー状態」に入ると、自分の身体を全く意識しなくなるのと同様です。その場合には、明示的な自己認知手段をユーザーに提供する必要がなくなります。

熟練者にとっては、自分の身体は邪魔になるとさえいえるかもしれません。稲見教授の「光学迷彩」の研究の発展として「透明プリウス」という応用例があります。自動車の運転席から後部座席を見る

＊5　学習済みの機械学習モデルを再学習させることで、少ない学習データで効率よくモデルを開発できる手法。再学習後に性能が劣化する「負の転移」に気を付ける必要がある。

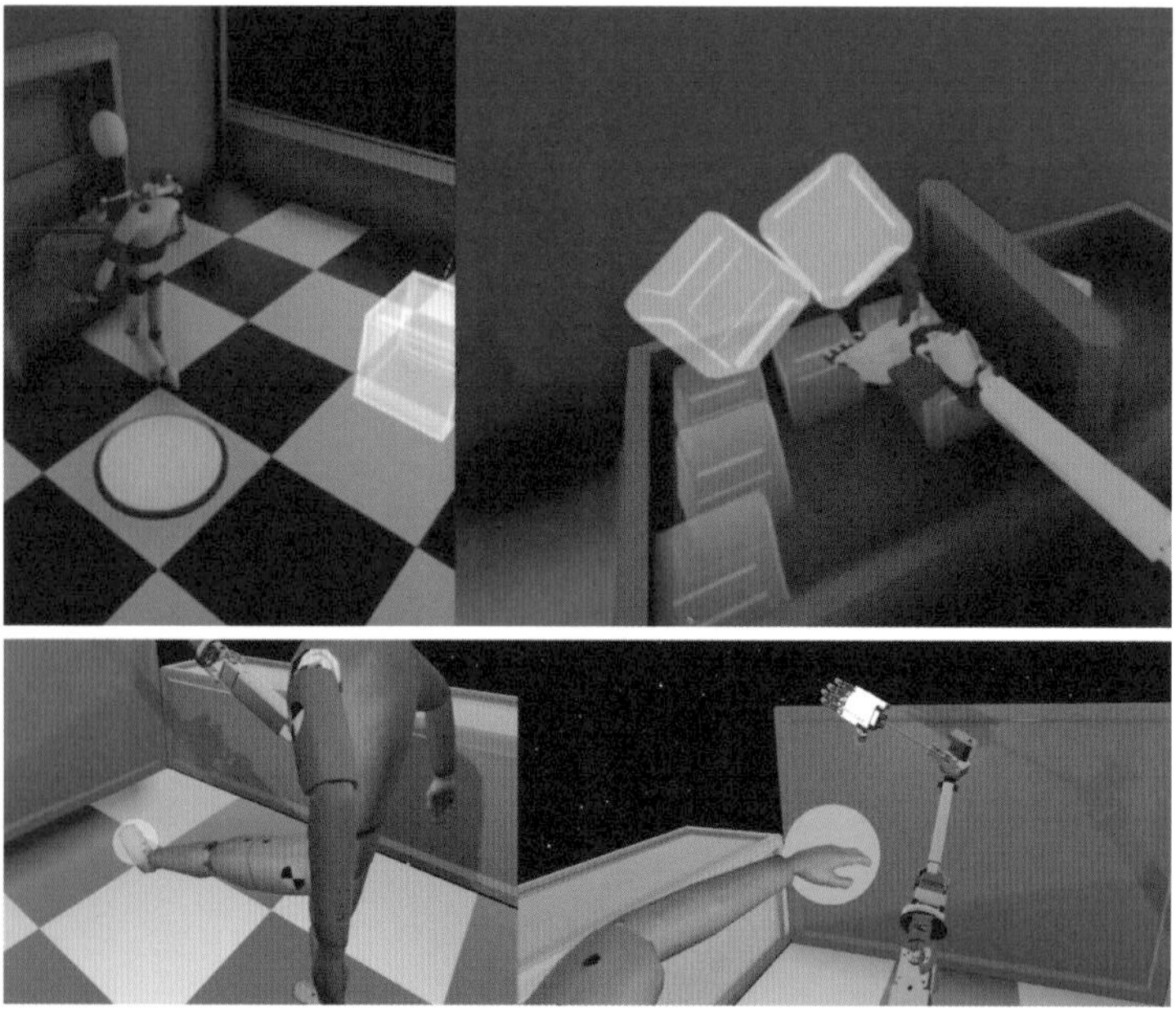

Fig 7　ユーザーの複雑な状態を視線や音声を用いることでバーチャル環境の拡張身体への指示に任意に割り当てる研究の一例（写真は, A. Drogemuller et al., "Real Time Remapping of a Third Arm in Virtual Reality" から引用）

と、あたかも車体が透明になったかのように外の景色が見えるというものです。東京大学の舘暲教授*6の研究室で開発された「Transparent Cockpit」でも、運転席から見て前方にあるピラー（柱）やドアなどを透かして外の様子をうかがえます。いずれも特殊な反射材料と画像の投影（プロジェクション）技術を駆使して実現した形です。

これらの研究が意味するのは、拡張した身体としての自動車の車体が、視界を遮る障害物になってしまっているということです。この車体を消してしまえば、その分より多くの情報を表示でき、安全性や操作性が向上します。

より一般化して表現すれば、自己の身体から得られる刺激を減らして周囲の環境情報を増やすことで、周囲の状況を把握しながら適切な操作を実現できるわけです。これは物理的な自動車を対象にした例で実用化には時間がかかりそうですが、バーチャル空間では同様な効果をずっと簡単に実現できます。

第三者視点で自分を認知

一方で、動作に慣れていない初心者の場合は状況がガラリと変わります。操作対象である身体が不可視では操った結果が視覚的にフィードバックされず、身体の動作を推定するモデルの学習ができません。操作に不慣れた人には、身体をはっきり見せてあげることが大切です。

このときに、自分の視点から見せるだけでなく第三者の視点で自分を見られるようにすると効果的であることがわかっています。例えばカーレースのゲームには、画面にフロントガラスを通した外の世界が見えていて、一人称の視点で自分がクルマを運転するタイプと、真上や斜め上から車体が見え

＊6　前掲

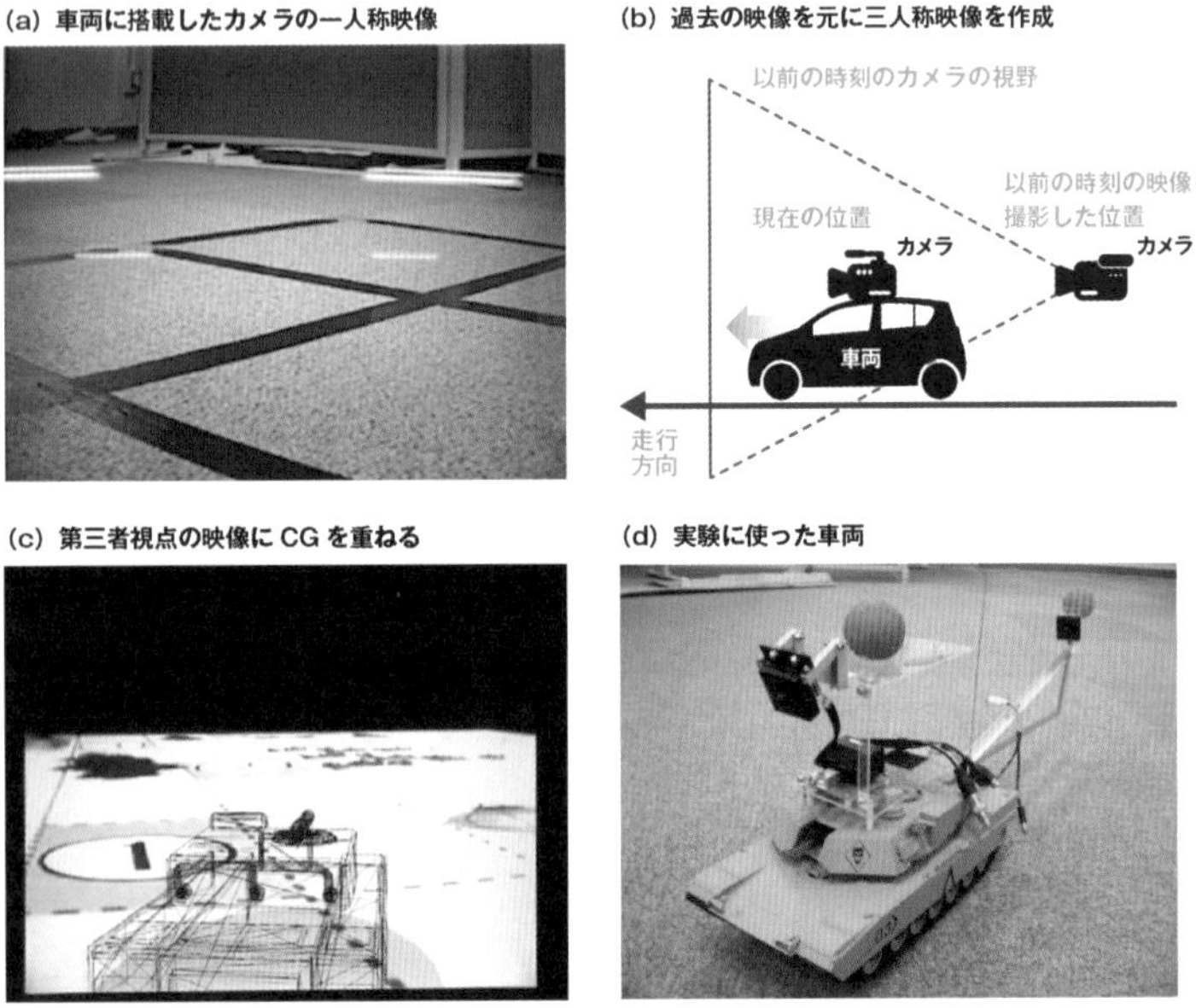

Fig 8　車両型ロボットを遠隔から操作する場合、車両の位置がわかる第三者視点（三人称）の映像を使った方が操作しやすい。車両に搭載したカメラの一人称の映像（a）を基に、以前の時刻の映像を使って三人称映像を作成し（b)、そこに車両の CG を重ねる（c）ことでこの状況を実現した（写真は M. Sugimoto et al., "Time Follower's Vision: a teleoperation interface with past umages" から引用）

て三人称の視点からクルマを操縦するタイプがあります。拡張した身体の操作に慣れないうちは、後者の視点を持ち込むことは非常に有効です。

私が大学院生だったときに手掛けた研究では、車両型ロボットの遠隔操作に、コンピュータで生成した第三者視点を持ち込むことで操作対象の状態の把握が正確になることを示した「Time Follower's Vision」という研究があります。実験では、ロボットに取り付けたカメラで一人称映像を撮影・保存し、蓄積した過去の映像の中から現在のロボットの位置がよく見えるものをリアルタイムに選択し、ロボットの3次元コンピュータグラフィックス（3DCG）モデルを重畳することで三人称の映像を作り出しました。この映像を見ながら操作すると経験が少ない実験参加者でも一人称視点と比べてロボットを正しい位置に誘導できる効果が確認できました。

こうした操作対象の身体を視覚化して提示することは、先に述べた予測モデルの学習ができていない操作者に対して、意識的なプロセスを通じた身体認知を補助するものであると考えることもできます。

自己認知感覚も自在に変更

豊橋技術科学大学 北崎充晃教授のグループが中心となっている研究では、バーチャル空間の中に実環境の身体と同期した自分の手や足だけを表示した場合でも、実験参加者は透明な空間に自分の身体があると認知することがわかりました。しかも、透明な胴体の部分にナイフを刺されると、自身が襲われたかのように驚きます。ところが、手や足の位置関係を現実とは異なる配置にすると、手足は自分の身体があると感じることはできる一方で、透明な空間に対しては自己の身体を認知することができません。

こうした実験から、操作を補助するための視覚情報の操作には、「光学迷彩」の例のように世界から自らを消し去る場合に始まり、第三者の視点での視覚化に至るまで、多様なバリエーションがあることがわかります。ユーザーの脳内で予測モデルが形成されているかに応じて、こうした両極の間で視覚情報の提示方法を自在に変える技術を切り替えることができれば、経験に応じて様々な利点を享受できることが期待されます。

私たちのほかにも、例えば東京大学の暦本純一教授[*7]の研究室ではアスリートが自分の周囲にドローンを飛ばして自らの動きを観察する技術を研究していたり、東京工業大学の長谷川晶一准教授[*8]がHMDを被りながらスキーを滑走中の自分を第三者視点で見えるようにする方法が研究されたりしています。こうした自己認知に関わる研究も、身体の自在化について考える上でとても重要であると考えています。

身体認知の限界を探る

これまでの話は操作対象の身体を本人にどのように認知させるかでした。そこから一歩進んで、バーチャルな身体に対する自己認知が、どのような限界を有しているかも私たちの研究対象です。バーチャルな身体の特殊な例として、1人で複数の身体を操る「分身」や、多人数で同じ身体を共有する「合体」があります。私たちはそうした身体に対する認知についても探る研究を進めています。

その1つが、人が同時に複数の身体を操作した場合、自己の身体と認知できるかを調べる追求です。1人の実験参加者が、4つのアバターを同時に操ってバーチャル空間の中でボールに触るタスクを試しました。それぞれのアバターは同じ動作をしますが、実験参加者のHMDには4つアバターが見た別々の視界が並んで表示されます。

その結果、こうした身体に対しても人は身体所有感や行為主体感を持つことがわかりました。そして、作業を繰り返すにつれてボールに触るまでの時間が短縮され、1つのアバターで取り組むよりも早く作業できるようになります。また、この実験から、人は複数の身体の状況を同時に把握できることが確認できました。身体への脅威となる炎などの刺激を提示した場合に、それぞれの分身している身体への脅威を避ける行動が観察されました。

こうした複数の身体に別々な動きをさせるには人工知能（AI）などの助けが必要かもしれませんが、分身の可能性を十分予感させる成果です。分身の活用方法とあわせて今後もこうした現実と異なる身体をどのように認知することができるのかを探っていきたいと考えています。

＊7　前掲（p13）

＊8　東京工業大学　精密工学研究所　准教授。実世界の現象や作業を情報世界に再現するリアルタイムシミュレーション、人や動物などを情報世界に登場させるバーチャルヒューマン、触感を伝える力触覚インタフェースを中心にバーチャルリアリティ、ヒューマンインタフェースの研究を進めている。

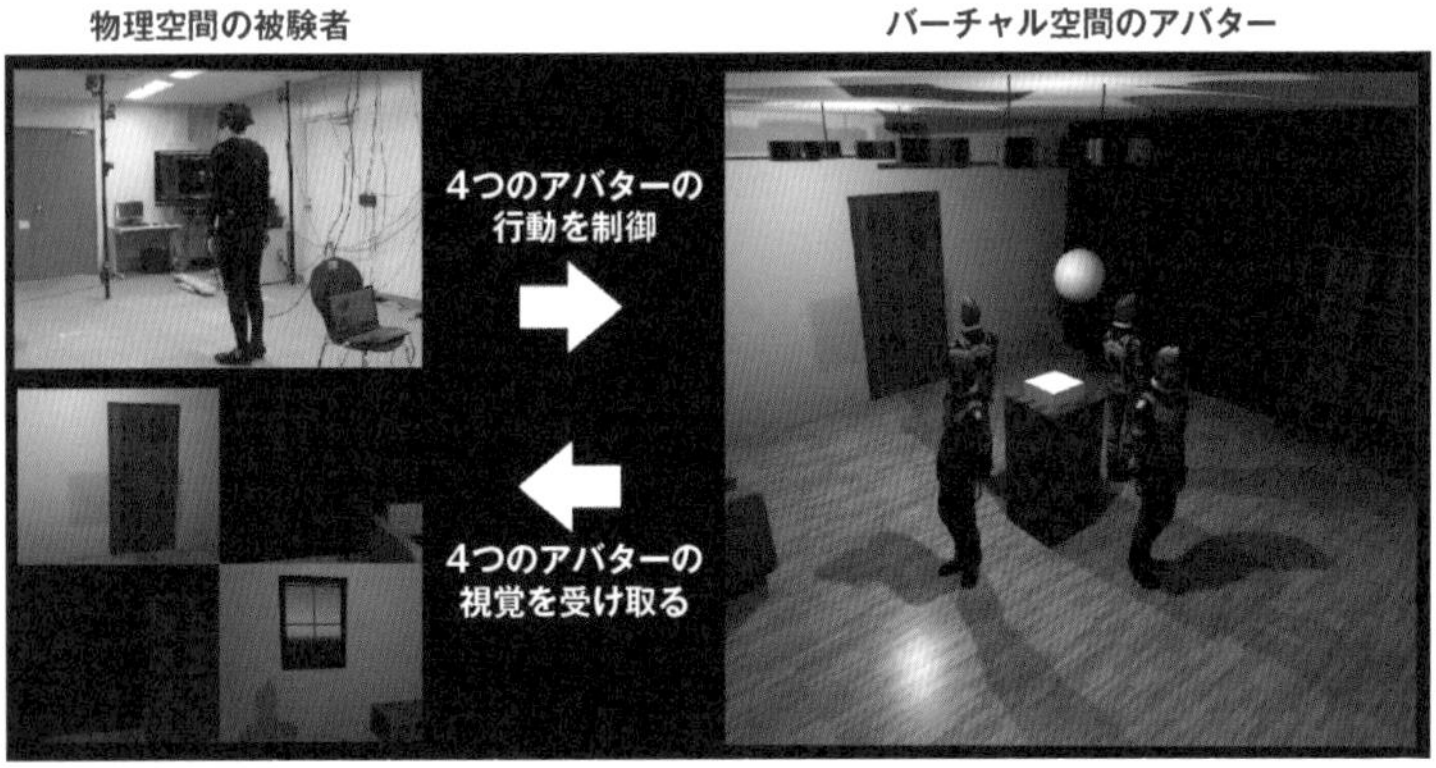

Fig 9　バーチャル空間にいる4つのアバターを同時に操る実験では、参加者は多数の身体の同時制御に慣れて、ボールへのリーチングが上達することがわかった

バーチャルとリアルもシームレスに

自在化を2つの極の間のシームレスな移行と考えると、ここまでにマニュアル操作と自動化の間の自在化（操作の自在化）や、自身の透明化と第三者視点の間の自在化（自己認知の自在化）といったアイデアを紹介してきました。そこにもう1つ加えるとしたら、バーチャルな世界と現実世界の間の自在化があります。私はVR研究の理想形として、この2つの世界をシームレスにつなげたいと思っています。

このアイデアを実装した研究例として「オーグメンテッドコロシアム（Augmented Coliseum）」があります。車両型ロボットを使った対戦型ゲームで、対戦のフィールド上にプロジェクタでCGの物体を投影します。フィールド上ではCGの物体はあたかも物理的な存在のように扱われ、ロボットがぶつかると跳ね返されたりするわけです。ロボットの位置の正確な計測や、ロボットやCGに加わる力の物理計算、それに基づいたロボットの制御といった技術を用いて実現しました。

この発想を延長すれば、例えば眼前にいるロボットと遠隔地にあるロボットが、それぞれCGで表現された相手のアバターと対戦するといったことも可能です。フィールドの環境やロボットのプレーヤーを、どこまでがリアルでどこまでがバーチャルかを自由に指定できるようになるかもしれません。対戦中にリアルなロボットに部品を装着すると、新しい追加機能がバーチャルなロボットに与えられるといったこともありえるでしょう。究極的には、リアルとバーチャルの区別を意識することなく、同じに認知できる世界を理想と考えています。

このような環境を実現するための技術として、私たちの研究グループでは、実世界のセンシングやモデリングを行う技術を構築しています。例えば、HMDの中で表情を測るという普通のシステムでは困難な課題をクリアしています。ほかにも、人が力を入れた時に腕や脚の筋肉がどのように膨張するのか、その変化をリアルタイムに計測することも可能です。計測結果を基に、人の身体をバーチャル空間でリアルに再現する技術もあります。こうした技術を活用して現実世界の多彩なパラメータをできるだけ詳細に測定し、可能な限り多くの情報量をモデルに反映することを目指しています。

また、今後はバーチャルからリアルに物理的な反応を戻す、フィードバックの技術を充実させてい

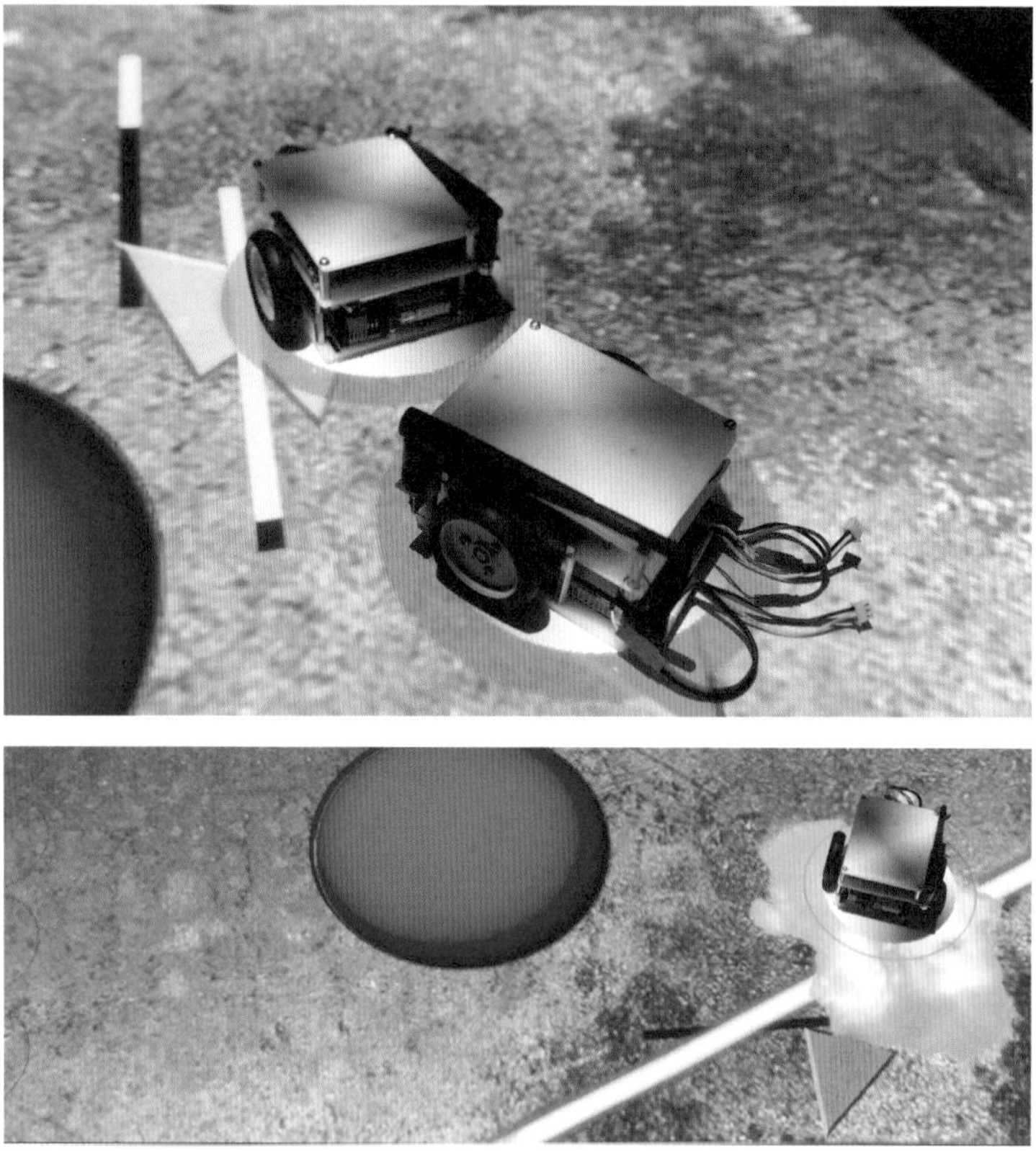

Fig 10 「オーグメンテッドコロシアム（Augmented Coliseum）」では、リアルなロボットとプロジェクターで投射されたバーチャルな物体が相互に作用を及ぼせる（慶應義塾大学理工学部広報誌「新版 窮理図解」no. 13, 2013 July, p. 3から引用）

くつもりです。バーチャル環境で構築した身体を自分のものだと感じるためには、フィードバックが極めて重要だと多くの研究が指摘しています。ユーザーが自然な身体性を獲得する上では、視覚や聴覚に加えて触覚や前庭感覚を通じた刺激なども非常に重要で、私たちもこうした感覚情報が自在化や身体認知にどのような影響を与えるかを検証していきたいと考えています。

バーチャルはリアルになる

バーチャルとリアルを意識することなくシームレスにつなげることは、1つの理想です。これに対して「バーチャルの世界に触れている間に人の感覚の解像度が上がり、どんなにリアルに見えてもバーチャルだとわかってしまう。この結果、いつまでたってもバーチャル空間に違和感が残るのではないか」という意見があります。豆から挽いたコーヒーを生まれて初めて飲んだ時にはインスタントコーヒーとの違いがわからなくても、飲み慣れてくるとすぐ区別できるのと同じだというのです。

しかし、私は、そうは思いません。自在化したバーチャルな身体は自分の肉体と地続きであり、自在化身体が活動するバーチャルな空間も、例え画像に粗があったとしても、自らが生きるリアルな世界になるはずです。

現実の世界では、飛行機のパイロットはすでに大半の訓練にシミュレータが導入されており、効果を上げています。現在では、F1ドライバーも実車による練習は規約上で制約されているため、訓練および車両のセッティング作業の多くの場面でシミュレータを使っています。シミュレータ上でサーキットに応じたパラメータをテストし、その結果を実機に反映しているため、すでにバーチャルとリアルのシームレスな相互作用が発生しているといえるかもしれません。シミュレータが発達した結果、レーシングチームの強さを決定する要素の1つがシミュレータと実車の相関が得られるかという点になってきているともいわれています。

レーシングゲームがとても上手いeスポーツのプレーヤーに実際のマシンを運転させたところ、元F1レーザーに勝ってしまったという事例もあります。リアルとバーチャルを違和感なくシームレスに接続して自分の能力を任意に拡張できる。そうした自在化の未来は，すでに始まっているといえるのかもしれません。

7

笠原 俊一

柔軟な人間と機械との融合

Shunichi KASAHARA

株式会社ソニーコンピュータサイエンス研究所リサーチャー

東京大学 先端科学技術研究センター 身体情報学分野 特任助教 博士(学際情報学)

JST ERATO稲見自在化身体プロジェクト 研究員

私は2008年にソニーに入社した後に、ユーザーインタフェースの研究開発に従事しました。ちょうど、マルチタッチやジェスチャー機能など、コンピュータを操作するためのユーザーインタフェースと、それがもたらすUX（ユーザーエクスペリエンス）が製品価値に直結することが理解され始めた時期です。直感性やユーザーフレンドリーとは何かを探り、機械操作に慣れていない人でも説明書なしで使用できるようなGUI（グラフィカルユーザーインタフェース）を研究開発し提案する仕事をしていました。例えば、コンピュータ操作以外の物理的な経験からのメタファーで情報を操作できる実世界指向インタフェースや、できるだけコンピュータ自体を用いずにユーザーの身体のみで操作するNUI（ナチュラルユーザーインタフェース）などを研究・開発していました。

そのようなユーザーインタフェースの研究・開発では、「機械が人間に寄り添う」「変われない人間に合わせて機械が変わる」といった、人間を不変項として扱うユーザーインタフェース観があったのではないかと思っています。私の中にもあった、その前提を大きく変えたのが、あるプロジェクトで手掛けた速く打てるスクリーンキーボードのための研究開発です。様々な調査を進める中で、驚異的な速度でフリック入力をする実例を目にしました。そこで感じたのは人間の適応能力の高さ・柔軟性の高さであり、コンピュータと人間の関係を、人間の柔軟性を基に捉え直す研究の方向へ興味が移りました。そのころに、私はソニーから、ソニーコンピュータサイエンス研究所（Sony CSL）へ移ります。

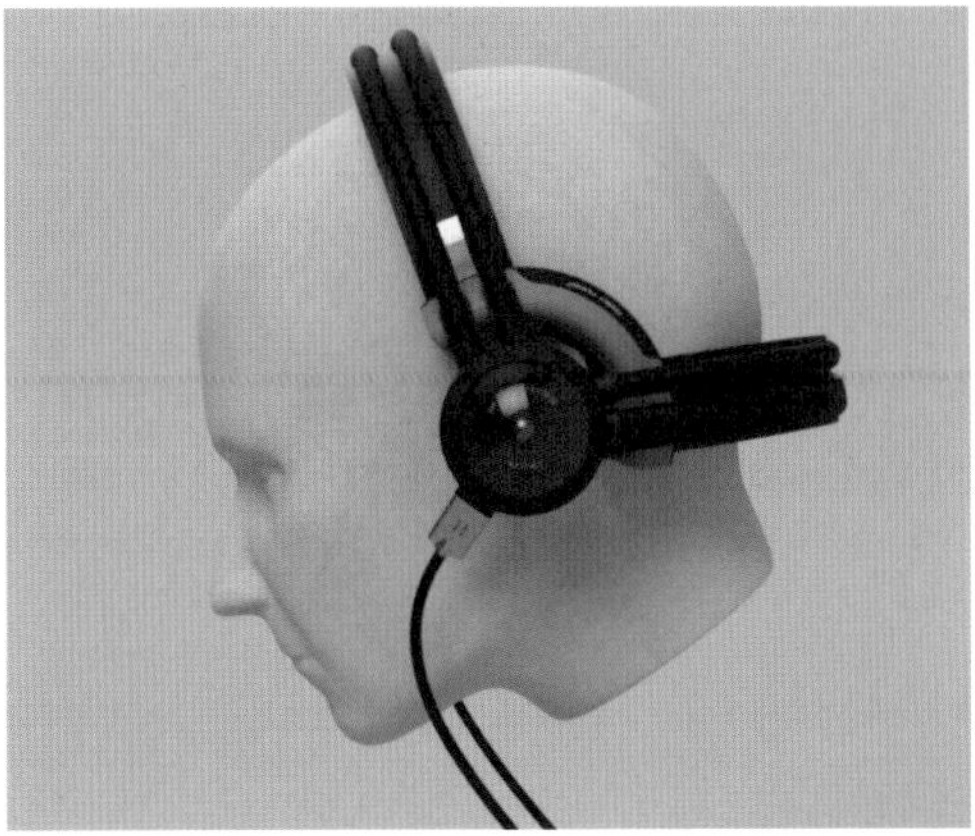

Fig 1　JackIn Head (Copyright Sony CSL)

柔軟な自分という感覚

Sony CSLへ移籍し初期の2015年ごろに取り組んだのが、暦本純一副所長と共に行った「JackIn Head」という頭部装着方式の360度全天球映像共有装置の研究です。[*1] 頭部に装着した複数のカメラの映像を合成し、その人の視点で全天球の映像を生成して、頭の動きのブレや回転などを補正した上で、ヘッドマウントディスプレイ（HMD）などを用いてリアルタイムに他者と共有するシステムです。本来の目的は、遠隔地にいる人の体験を視覚的な没入状態で同時追体験することでした。このシステムを用いて東京マラソン

*1　S. Kasahara, S. Nagai and J. Rekimoto, "JackIn Head: Immersive Visual Telepresence System with Omnidirectional Wearable Camera," in IEEE Transactions on Visualization and Computer Graphics, vol. 23, no. 3, pp. 1222-1234, 1 March 2017, doi: 10.1109/TVCG.2016.2642947.

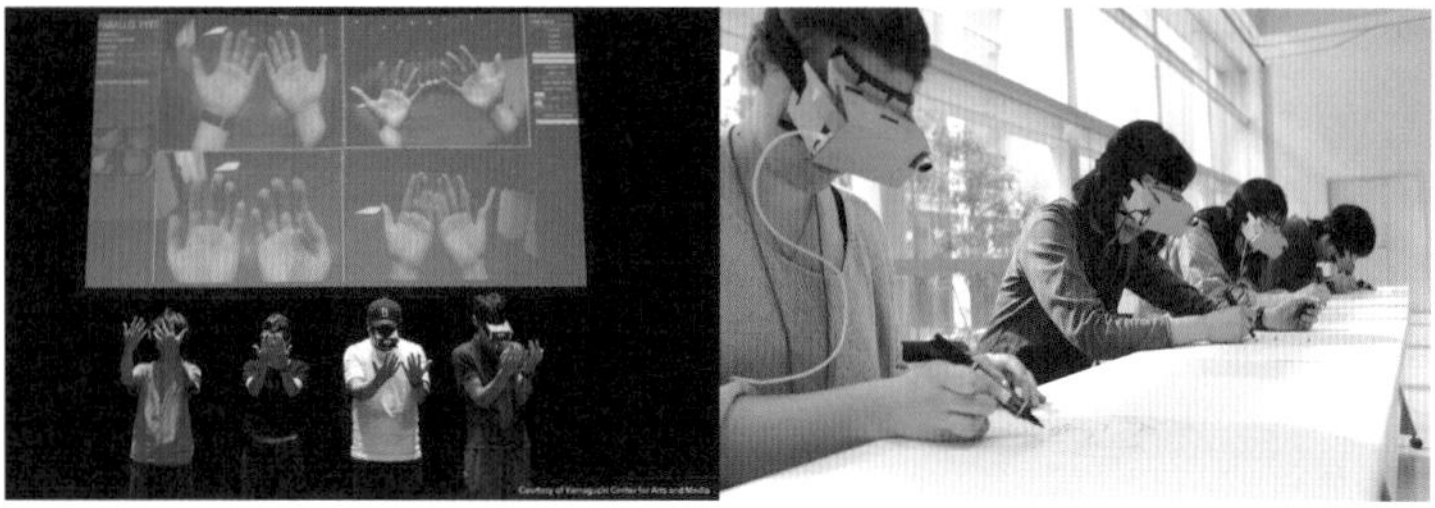

Fig 2　Parallel Eyes。右はうろ覚え描きの様子（Courtesy of Yamaguchi Center for Arts and Media）

で走っているランナーの全天球視点映像を配信・共有するなどの実験を行っていました。

ある日このシステムを用いて実験をしている際に、私は衝撃的な体験をします。JackIn Headを被った人の隣に立ち、HMDでその人の視点からの映像を見ながら、その人と握手をしてみたのです。するとまるで、自分と自分が握手しているように感じたのです。視点の高さや身体の向きがちょうど合い、握手という対称的な状況で触覚も同期していることで、自分があたかも相手の視点の中にいる自分と握手をしているような感覚が湧き上がったのです。

この体験をさらに発展させた「Parallel Eyes」[*2]というプロジェクトをYCAM（山口情報芸術センター）と共同で実施しました。簡易型HMDを用いて4人分の視点の映像が一度に見える装置を作り、4人で視点を共有した状態で「鬼ごっこ」や「うろ覚えお絵かき」（あるお題に対してイラストを描く）をする取り組みです。実際にやってみると、鬼ごっこでは当初は混乱しながらも徐々に他者の視点を巧みに用いて優位に立つ人が現れるのです。我々人間の適応能力の高さを垣間みた実験でした。

さらにうろ覚えお絵かきでは、例えば「きりん」をお題にすると、誰しもすべてのディテールまでは思い出せないのに、各人が描ききった絵の構成が似ていたりします。視線計測装置を組み込んで、誰がどこを見ていたのかを解析すると、実際はお互いの絵の内容を無自覚的に参照・補完しながら描いているのです。

あるワークショップでは、2つのグループのうち片方のグループは「きりんのツノ」を描き「耳」を描かずに終了し、もう片方は「きりんの耳」を描き「ツノ」を描かずに書き終えました。4人で相互に参照・補完しながら描くため、仮にすべての特徴がなくても、これがキリンですと4人の間で納得してしまうのです。ここで興味深いのは、他者の視点に影響されて描いているのは観察から明らかであるにもかかわらず、この絵を誰が描いたのかと質問すると多くの参加者が「自分」が描いたと答えるのです。

こうした研究を手掛けるまで、私自身が「これは自分の身体である。これは自分が行った行動である」といった具合に、「自分」というものは変わらない確固たる存在であると思っていました。ですが、

＊2 Shunich Kasahara, Mitsuhito Ando, Kiyoshi Suganuma, and Jun Rekimoto. 2016. Parallel Eyes: Exploring Human Capability and Behaviors with Paralleled First Person View Sharing. In Proceedings of the 2016 CHI Conference on Human Factors in Computing Systems (CHI ' 16). Association for Computing Machinery, New York, NY, USA, 1561-1572. DOI:https://doi.org/10.1145/2858036.2858495

Jackin Head や Parallel Eyes の実験を通じて、自分の存在がいとも簡単に揺らいでしまう状況に衝撃を受けたと同時に、この柔軟な自分という感覚を工学的に制御できれば、人間とコンピュータの関係は大きく変わるのではないかと気が付いたのです。

ヒューマン―コンピュータ・インテグレーションにおける自己

パソコンが主流の情報機器だった時代に、ユーザーインタフェースの基本となる発想は人間（行為主体者）とコンピュータ（行為対象）をそれぞれ独立した項として捉える、「ヒューマン―コンピュータ・インタフェース（Human-Computer Interface）」の概念でした。その時代を経て現在の情報機器では、新しいタイプのユーザーインタフェースが普通になっています。Apple の「Siri（シリ）」や Amazon.com の「Alexa（アレクサ）」といった音声エージェントに代表される相互対話的な情報のやり取りや、タッチスクリーンなどの身体を志向した操作系、グラフィックスやサウンドのリアルタイムな生成とフィードバックなどを内包する「ヒューマン―コンピュータ・インタラクション（Human-Computer Interaction）」がすでに生活に浸透したといえるでしょう。

さらにその次といえる、新しいユーザーインタフェースの概念が登場しつつあります。人間の行動や意識を計測するセンサ技術、コンピュータデバイスの極小化、ネットワークの帯域拡大と超低遅延化、コンピュータによる推論能力、ロボットや人間そのものを駆動するアクチュエーション技術などの進化に伴い、人間とコンピュータが統合される「ヒューマン―コンピュータ・インテグレーション（Human-Computer Integration)」です。今後はこの考え方が、人間とコンピュータの関係性を形作ると多くの研究者が考えています。[*3] ヒューマン―コンピュータ・インテグレーションでは、身体に何らかの情報機器を埋め込んだり装着したりするだけではなく、自らの行動や運動に対するコンピュータの支援や拡張、自らの身体表象を超えた異なる身体や仮想空間における身体の利用など、人間とコンピュータの心と身体（mind/body）を相互融合的に活用することが想定されています。

これは、1960年にJ. C .Lickliderが“Man-Computer Symbiosis”（人間とコンピュータの共生）[*4]という名称で提唱した共生的情報処理の概念を発展させたものといえます。ヒューマン―コンピュータ・インテグレーション（人間―機械融合系）は、人間とコンピュータが融合的に行為主体者となる、身体性を持った人間とコンピュータの共生であると考えられるわけです。

ヒューマン―コンピュータ・インテグレーションの発想に基づき、人間の運動・判断のアシストや

＊3 Florian Floyd Mueller, Pedro Lopes, Paul Strohmeier, Wendy Ju, Caitlyn Seim, Martin Weigel, Suranga Nanayakkara, Marianna Obrist, Zhuying Li, Joseph Delfa, Jun Nishida, Elizabeth M. Gerber, Dag Svanaes, Jonathan Grudin, Stefan Greuter, Kai Kunze, Thomas Erickson, Steven Greenspan, Masahiko Inami, Joe Marshall, Harald Reiterer, Katrin Wolf, Jochen Meyer, Thecla Schiphorst, Dakuo Wang, and Pattie Maes. 2020. Next Steps for Human-Computer Integration. In Proceedings of the 2020 CHI Conference on Human Factors in Computing Systems (CHI '20). Association for Computing Machinery, New York, NY, USA, 1-15. DOI:https://doi.org/10.1145/3313831.3376242

＊4 Licklider J. C. (1960). Man-computer symbiosis. IRE transactions on human factors in electronics, (1), 4-11.

拡張、能力の補強などが技術上は可能となりつつあります。ただし、本当に両者が融合した状態を実現するには「自分はどこまで自分であるのか」というユーザー側の視点を避けては通れないでしょう。仮に人間の能力を大きく凌駕した機能が物理的に実装されたとしても、また自らの身体とは異なる身体表現を利用できたとしても、それが知覚的・認知的に自分であると思えなければ、技術が人間を拡張したとはいえないからです。

では、知覚的・認知的に自己を自己として捉える感覚はどのように生起されるのでしょうか。S. Gallagher は基本的な自己の構成をまず「物語としての自己（narrative self）」と「最小限の自己（minimal self）」の2つに分けることを提唱しています。[*5]「narrative self」は自身や他人に語られることによって永続的に存在する自己、「minimal self」は瞬間ごとに構成される基礎的・一時的な自己とされています。

あらためて人間は不変項ではないという観点に立ち、人間とコンピュータの関係を鑑みると、リアルタイムに構成される自己「minimal self」へのコンピュータによる介入と、それによって変容し続ける柔軟なユーザーが、今後のヒューマン―コンピュータ・インテグレーションの1つの姿になるのではないかと思います。当初意図していなかったものの、最近私が行った研究プロジェクトは、結果として minimal self を構成する2つの要素、すなわち〝この運動を引き起こしたのは自分自身である〟という知覚・認識を表す「行為主体感（sense of agency）」[*6]と、〝これは私の身体である〟という知覚・認識を表す「身体所有感（sense of body ownership）」に関する内容でした。本稿ではこれらの研究プロジェクトを通して、私が考える自在化身体性を論じたいと思います。

自己身体感覚が可能にする身体感覚の編集

「これは私の体である」という身体所有感（sense of body ownershp）を我々が日常的に意識することはありません。体が一時的に痺れるなどして、触覚や体性感覚が働かなくなったときに、一時的に身体所有感の喪失を体験することはありますが、身体所有感が議論の対象となるのはゴム製の手が自分の体の近くにある場合（ラバーバンドイリュージョン）[*7]など特殊な環境だけです。しかし、バーチャルリアリティ（VR）における仮想身体表現や、遠隔地におけるロボット身体などの登場により、自らの身体ではないものに対して自らの身体動作を移すような応用が今後発展するでしょう。

最近では、身体の動きを精緻にトラッキングするモーションキャプチャ技術とVRを用いた仮想的な身体表現や、ロボットの動作に自らの身体運動をリアルタイムに反映させる遠隔ロボット技術の発展により、自らの身体ではないものに対する身体所有感の成立条件を研究する事例が増えてきました。

---

*5 Gallagher, S.: "Philosophical conceptions of the self. Implications for cognitive science", Trends in Cognitive Science, vol. 4, pp.14-21, 2000.

*6 sense of agency の日本語訳には「運動主体感」や「行為主体感」が用いられるが、本稿では運動に限定されない主体感も取り扱うため「行為主体感」とした。

*7 Botvinick, M., and Cohen, J.: "Rubber hands 'feel' touch that eyes see," Nature, 391,756,1998.

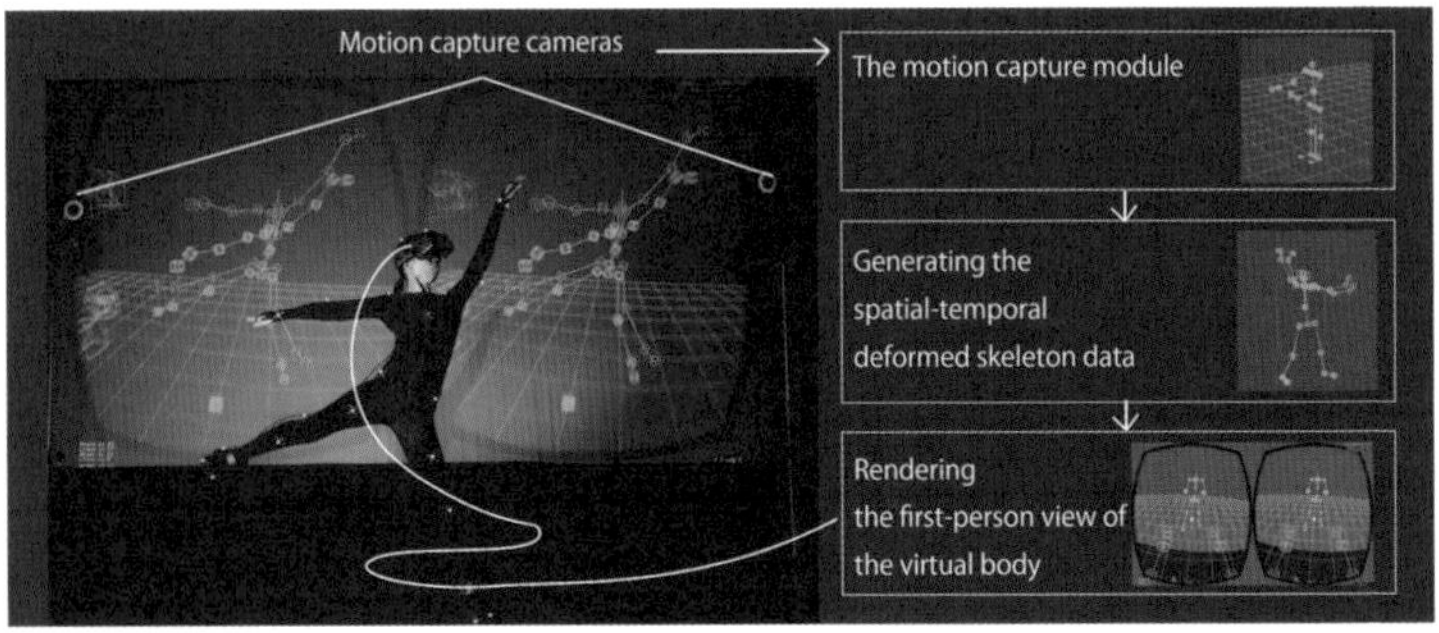

Fig 3　Malleable Embodiment システム

この先、自分の身体以外に身体所有感を持てた場合に、人の感覚にどのような変化をもたらすのかが重要な研究課題となると考えています。

仮想身体の動きの時空間特性を変えることで人の感覚がどう変化するのかを、２０１６年にＹＣＡＭ（山口情報芸術センター）と共同で研究しました。[*8] 以前からＹＣＡＭでは、身体の動きを可視化してダンスのインプロビゼーションに活用するプロジェクト「ＲＡＭ」[*9]を進めていました。私はそのシステムにＶＲを応用し、身体の動きを可視化したモーショングラフィックス空間を一人称的な視点で観測する実験を行いました。その中でいくつか興味深い感覚の変化が発見されたので、詳しく調べるためにさらに実験したのです。

実験では、全身の動きを取得するモーションキャプチャとＶＲシステムを用いて、ダンサーの動きを仮想空間でのアバターの動きにリアルタイムに反映するシステム「Malleable Embodiment」を構成しました。システムの体験者はＨＭ

Dを通して自分の動きを反映した仮想身体を観測します。このとき、取得した体の動きをアバターの動作にそのまま反映する代わりに、時系列で数フレーム分先の未来を予測した動きをアバターで表現します。すると、体験者は「体が軽くなった」と報告するのです。逆にアバターの動きに、体験者の動作に対する遅延を加えると今度は「体が重くなった」と報告します。しかし、この時間シフトの量を大きくしていくと、あるところで被験者は「このアバターは自分ではない」「自分の身体にくっついている何かに感じる」と報告するようになり、先述のような身体そのものの変化ではなくなるのです。

このように、視覚情報の変化が身体感覚の変化を誘発する事例は他にも知られています。例えばマウスカーソルで手の動きとポインタの動きの関係が変わるだけで、手に何らかの感覚を生じる現象（Visual Haptics）があります。本件はその全身版と解釈できるかもしれません。

感覚の編集という視点で考えたとき興味深いのは、この時間シフトによる感覚変化を他者がコントロールできるという点です。実験のシステムでは、仮想身体を見ながら運動している体験者に気づか

＊8 Shunichi Kasahara, Keina Konno, Richi Owaki, Tsubasa Nishi, Akiko Takeshita, Takayuki Ito, Shoko Kasuga, and Junichi Ushiba. 2017. Malleable Embodiment: Changing Sense of Embodiment by Spatial-Temporal Deformation of Virtual Human Body. In Proceedings of the 2017 CHI Conference on Human Factors in Computing Systems (CHI '17). Association for Computing Machinery, New York, NY, USA, 6438-6448. DOI:https://doi.org/10.1145/3025453.3025962

＊9 Reactor for Awareness in Motion（RAM), 2010 - 2015. https://special.ycam.jp/ram/

れないように、実験操作者が時間シフトの量を未来方向や過去方向へ変えると、それに応じて体験者は自らの身体を軽く感じたり、重く感じたりします。つまり、体験者の体の感覚をパラメトリックに制御できるのです。

このようなパラメトリックな制御は、当人がその仮想身体を自らの身体であると感じていない場合には発生しません。実際、体験者の感覚の主観報告と時間シフトの関係を調べると、ある時間シフトの範囲内では自分の体の感覚変化として報告される一方、その範囲外では自らの身体ではないものとして報告していることがわかります。つまり、この実験における感覚変化は、身体所有感がある場合に発生する、身体感覚の編集なのではないかと考えています。

身体所有感の機序については様々な研究がなされています。その成果から、視覚情報と触覚情報の時間的同期、およびそれぞれの感覚から得られる空間的情報の一致（spatially congruent and temporally synchronous）が重要であるとされます。[*10] 恐らく、時間的な同期や空間的な一致は精密である必要はなく、ある一定の余白（身体所有感を保持することができる許容可能なエラー領域）が存在し、そのエラーを知覚・認知的にどのように解釈するかで感覚の違いが生じるのではないかと考えています。このような知見を利用することで、今後遠隔操作ロボットや拡張身体を設計する場合に、身体所有感の保持に加え、身体感覚の変化も設計できる可能性があるのではないでしょうか。

『脳の中の自己と他者』（嶋田総太郎著）では、自らの身体を理解し、自らの身体とそれ以外を区別する情報として、キに視覚や聴覚に由来する外在性身体情報と、体性感覚や運動指令に由来する内在性身体情報の2種類の身体情報を挙げています。[*11] このうち外在性身体情報は、自らの身体を理解するために、一度環境に投射された情報を再度、目や耳から取得している格好です。ということは、外在性身体情報はよりハッキング可能（Hackable）な身体情報であり、VRなどを通して介入が可能な情報チャンネルなのではないでしょうか。そして、視覚・聴覚情報を「自分」の外在性身体情報として身体感覚の更新に用いるのか、それとも「自分ではない」他者の情報として自らの身体感覚から切り離すのか、このゲートの役割をしているのが身体所有感ではないでしょうか。この身体所有感の成立条件が明らかになるほど、そのゲートを通過するHackableな身体感覚の制御が容易になるのではないかと注目しています。

コンピュータと行為主体感

〝この行為を引き起こしたのは自分自身である〟という知覚・認識を表す行為主体感（sense of agency）の担保は、人間行動のあらゆるレベルにおいて、確固たる自己を保つための必須事項とい

＊10 Blanke, Olaf, Mel Slater, and Andrea Serino. "Behavioral, neural, and computational principles of bodily self-consciousness." Neuron 88.1 (2015): 145-166.
＊11 嶋田総太郎『脳の中の自己と他者』共立出版 (2019), p160-161

えます。スマートフォンで文字を入力しているときも、車を運転しているときも、池に石を投げたときも、自らの行動に対する反応があってこそ我々は、自分が存在していると感じることができます。

広く捉えると先述の外在性身体情報には、自らの行為に起因する環境の変化も含まれているといえます。この感覚は、我々が物理世界で行動している場合には特に意識しませんが、例えば統合失調症などの精神疾患において「作為体験（させられ体験）」や過剰な行為の帰属の症例が、行為主体感の変調と関連するとされています。[*12]

コンピュータのためのユーザーインタフェースでも、行為主体感は重要な設計要素です。この条件が成立しているときには意識に上らず、何らかのエラーが発生したときに初めて「違和感」として現れます。例えばマウスを用いて画面上のポインターを動かしているとき、そのポインターを動かしているのはユーザー自身であり、普通はそこに何の疑いもありません。しかし、何らかの影響でコンピュータの処理が滞り、マウスポインターの動きが1～2秒止まる、もしくはユーザーの操作が蓄積されて、後から一気に早回しで反映されるような現象があった場合、ポインターは自らが動かしているとは思えなくなります。

マウスポインターは行為と結果の関係が簡単ですが、行為と結果の対応が複雑になると、自らの操作と環境の反応が関係するのかどうかが不明瞭になります。例えば、（実際は様々な操作をしていたのにもかかわらず）「パソコンが何もしてないのに壊れた」という報告も、広くいえば行為主体感の不成立状態なのかもしれません。

行為主体感が問題になるのは、単純な操作の感覚だけに限りません。我々の社会制度自体も、我々の顕在的な意識や行為主体感の有無によって、ある程度規定されていると思います。例えば、何らかの事故で損害が発生し、その責任を帰属させる場合は、直接の行為者に意図や主体性が存在したかどうかが焦点になります。また、ソーシャルメディアにおいて他者からの反応の強さに誰もが強い関心を抱く背景にも、自らの行為に対する反応があってこそ、自身の存在を規定する行為主体感が得られるから、という側面があるのではないでしょうか。こうして様々な人間の行動に照らし合わせて考えると、行為主体感は人間と道具や環境・システムとの相互作用における自己意識の前提条件であり、自己を保持するための重要な情報であると思います。

では、ヒューマン–コンピュータ・インテグレーション、すなわち人間とコンピュータが融合的な行為主体者となる状況において我々人間はどう行為主体感を感じるのでしょうか。この問いに答える上で、まずはコンピュータによる行動のアシストの例から考えてみます。

*12 Frith, Christopher D. The cognitive neuropsychology of schizophrenia. Psychology press, 1992.

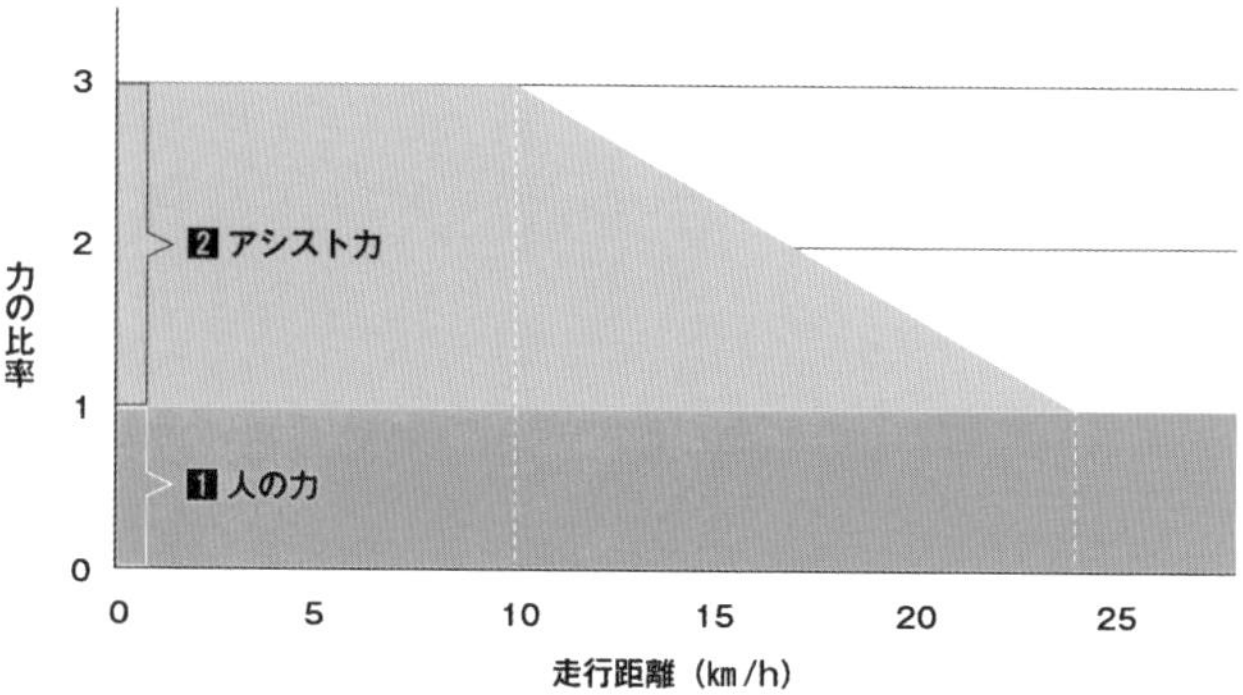

Fig 4　道路交通法施行規則第１条の３で規定されるアシスト力と人の力の比率上限（国民生活センターの発表資料（http://www.kokusen.go.jp/pdf/n-20170629_2.pdf）を基に作成）

すでにあるコンピュータアシスト

人間とコンピュータが融合的な行為主体者となる以前に、すでに我々はコンピュータを含む機械によって様々なアシストを享受しています。例えば、今私がこうして日本語を入力しているときには、文章の予測変換の結果がリアルタイムに画面に表示されています。[*13]

運動に関する身近なアシストの例として、電動アシスト自転車があります。搭乗者がペダルを踏み込む力をトルクセンサにより検知し、その力に応じてモーターを駆動させることで、より軽い力で走行したり、重い荷物やきつい坂道があっても軽快に登ったりできます。特に子供を後ろに乗せると、電動アシストなしでは坂を登ることなど到底不可能に感じるほどです。

電動自転車ではなく〝アシスト〟であるので、日本の道路交通法[*14]では「人の力を補うため原動機を用いる自転車」として規定されています。しかも、電動モーターによる補助力の限界が、自転車の速度に応じて人間の力との比率関数として定められています。あくまでも人間のアシストであり、「搭乗者がペダルをこがなければ走行しない」前提なのです。

なお、このアシスト比率は当初は1：1であったのが、ユーザーの要望や用途に応じて2008年以降1：2に引き上げられました。ある意味で、法律が規定する〝アシスト〟の定義の変遷ともいえる点が興味深いです。

電動アシスト自転車に乗っていると、〝アシスト〟されていることがよくわかる瞬間と、よくわからないときがあります。アシストの存在が最もわかりやすい例は坂道発進で、自分が踏み込んだ際に少し遅れてモーターの駆動が発生して、ぐっと前に進むとき、明らかにモーターによる補助力を感じます。一方で坂道発進後に、自らもそれなりの力で漕いて坂道を進んでいる間は、本当にこの自転車はアシストしてくれているのだろうかと思ったりします。実際には十分に補助力が発生しているので、電源を切ったときには補助力のありがたみを思い知るのですが。

＊13 Masui, Toshiyuki. "POBox: An efficient text input method for handheld and ubiquitous computers." International Symposium on Handheld and Ubiquitous Computing. Springer, Berlin, Heidelberg, 1999.

＊14 道路交通法施行規則第一条の三
https://elaws.e-gov.go.jp/search/elawsSearch/elaws_search/lsg0500/detail?lawId=335M50000002060_20180711_430M60000002030&openerCode=1#10

ほかにも、ユーザーが気が付かないアシストの例には、自動車のパワーステアリングがあります。こちらも存在が当たり前になっていて、故障などでアシストがなくなったときに初めて気がつく最たる例といえるでしょう。

このように、実は日常的に存在しているアシストされた行為において、我々は行為主体感をどのように感じているのでしょうか。ここで含まれる〝行為〟には、単純な運動から複雑な機器の操作や、認知的作業も含まれ、現時点ですべてを統一的に説明することは困難です。しかし、日々の直感として「予測変換を用いて書いた文章は自分の文書ではない」「電動アシスト自転車を漕いでいるのはモーターである」とは全く思わないですし、一方で明示的にアシストの存在を感じるのも確かです。ここから、コンピュータアシストと行為主体感は排他の関係ではなく、ゆるやかなグラデーションであることが想定されます。

現存するアシストは基本的に〝人間の行動〟に沿うことが前提であり、人の何らかの行為をきっかけにして実行されます。これは、コンピューターヒューマン・インタラクションの観点から見ると、人間の行動をコンピュータが観測してその意図を推定し、情報提示や力の補助などで人間を助けるシステムといえます。

しかし、人間とコンピュータが融合的な行為主体者になるヒューマンーコンピュータ・インテグレーションでは、この形式は必ずしも前提ではなくなると考えています。例えば、人間がもともと持っていた能力を超えた状態での〝アシスト〟も可能になるでしょう。コンピュータが人間の意図を推定するのは同じですが、融合的に共有している身体を駆動させて実行するため、人の能力ではあり得ない行為さえ実現できます。では、そのとき、我々人間は自らの能力を超えた行為に主体感を感じることができるのでしょうか。

コンピュータアシストが人間の能力を超えるとき

人間の視覚反応時間、すなわち何かを見てから行動が始まるまでの時間は約２００ミリ秒（ms）といわれています。[*15] この身近な能力の限界を試す単純な実験があります。長さ約12cmのペンを被験者の手の上すれすれから下に落として、被験者にそのペンをつかもうとしてもらう実験です。

単純な自由落下であると仮定すると、12cmのペンは被験者の手を約１６０ms後にすり抜けてしまいます。人の視覚反応時間は２００msですから、基本的につかむことは不可能です。我々が①棒が落ち始める映像を知覚し、②実際に落ちたと判断し、③棒をつかめという運動指令を発行し、④それが筋肉に伝わり筋肉が収縮して手が動く、というステップ[*16]を行っている間に、ペンは手の中をすり抜けて

*15 Ray Hyman. 1953. Stimulus information as a determinant of reaction time. Journal of Experimental Psychology 45, 3 (1953), 188–196. DOI: http://dx.doi.org/10.1037/h0056940

*16 Human processor model Card, S.K; Moran, T. P.; and Newell, A. The Model Human Processor: An Engineering Model of Human Performance. In K. R. Boff, L. Kaufman, & J. P. Thomas (Eds.), Handbook of Perception and Human Performance. Vol. 2: Cognitive Processes and Human Performance, 1986, pages 1–35.

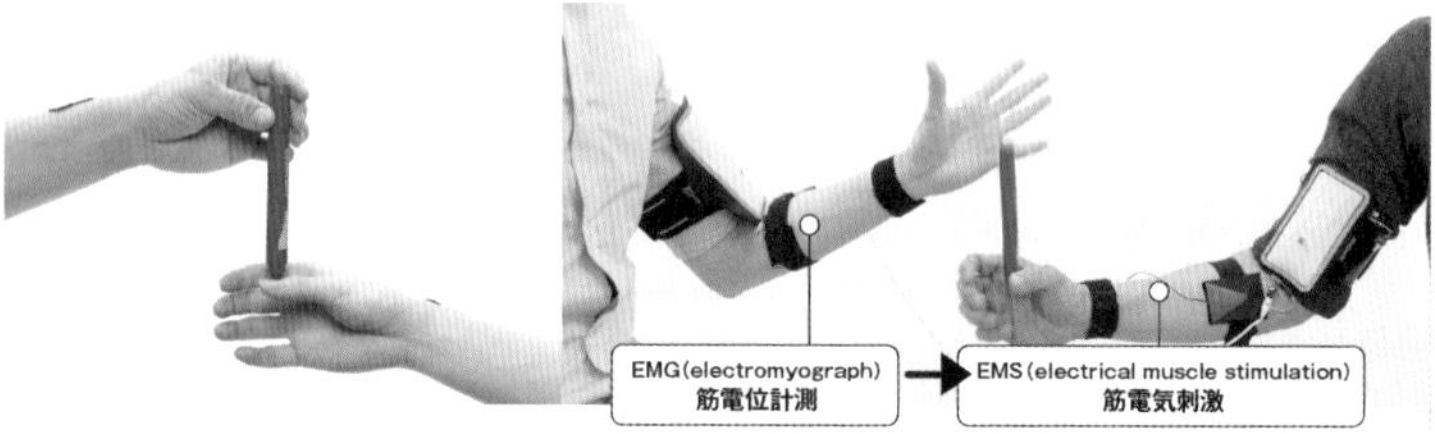

Fig 5　左はペン落とし実験の様子。右の「Wired Muscle」を使うと、この実験でペンをつかめるようになる

しまうのです。目の前でペンが落とされるのがわかっているのにもかかわらず、ペンをつかむことができない。この実験では我々の反応の限界を実感できます。

この人間の反応時間の限界を超える実験を、筋電気刺激装置（EMS）を用いて、筑波大学（当時）の西田惇氏と行ったのが「Wired Muscle」[*17]です。Wired Muscleでは、西田氏が開発した「bioSync」[*18]を応用して、ペン落とし実験でペンをつかめるようにしました。

具体的にはペンを離す人の腕に筋電計（EMG）を装着し、ペンを離す際の筋活動を検出します。筋活動を検出すると、ペンをつかもうとする人の腕に装着したEMSへトリガーを送り、電気刺激によってペンをつかむように手を強制的に動かしてしまうのです。ここで、筋電波形の検出から筋電気刺激の開始までは10㎳程度であり、かつ筋電気刺激が始まってから手が動くまでは50㎳程度であるので、ペンが落ち始めてから約60㎳でペンをつかむことが可能です。つまり、自分の意思でつかむよりも早くペンをつかめてしまうのです。

この発見をもとに西田氏と様々な場所でデモンストレーションを行

い、合計250人以上の人に体験をしてもらいました。その中で奇妙なことに気がつきます。それは、体験者の約25%が、電気で手を動かされているのにもかかわらず、「自分がつかんだ」、つまり「行為主体感がある」と報告するのです。前述の通り時系列的には自らの意思による運動ではなく、コンピュータが電気刺激で駆動した手の動きによってペンをつかんでいるにもかかわらず。

そこで我々は、自らの意思による行動よりも早く身体が駆動されても、行為主体感を保持できる時間的な性質があるのではないかと仮説を立て、その性質を明らかにするために心理物理実験を行いました。マークが出たら素早くスクリーンをタッチする単純な視覚反応実験で、駆動のタイミングと行為主体感の関係を調べました。その結果、自らの反応時間よりも80㎳程度早く電気刺激で駆動させたとしても、50%以上の確信度で「自らが行ったと感じる」、つまり行為主体感が保持されることがわかったのです。*19

*17 Jun Nishida, Shunichi Kasahara, and Kenji Suzuki. 2017. Wired muscle: generating faster kinesthetic reaction by inter-personally connecting muscles. In ACM SIGGRAPH 2017 Emerging Technologies (SIGGRAPH '17). Association for Computing Machinery, New York, NY, USA, Article 26, 1–2. DOI:https://doi.org/10.1145/3084822.3084844

*18 他者の筋活動を筋電計（EMG：Electromyography）で検出し、それをトリガーにした電気刺激で自分の筋肉を駆動できる装置。Jun Nishida and Kenji Suzuki. 2017. bioSync: A Paired Wearable Device for Blending Kinesthetic Experience. In Proceedings of the 2017 CHI Conference on Human Factors in Computing Systems (CHI '17). Association for Computing Machinery, New York, NY, USA, 3316–3327. DOI:https://doi.org/10.1145/3025453.3025829

*19 Shunichi Kasahara, Jun Nishida, and Pedro Lopes. 2019. Preemptive Action: Accelerating Human Reaction using Electrical Muscle Stimulation Without Compromising Agency. In Proceedings of the 2019 CHI Conference on Human Factors in Computing Systems (CHI '19). Association for Computing Machinery, New York, NY, USA, Paper 643, 1–15. DOI:https://doi.org/10.1145/3290605.3300873

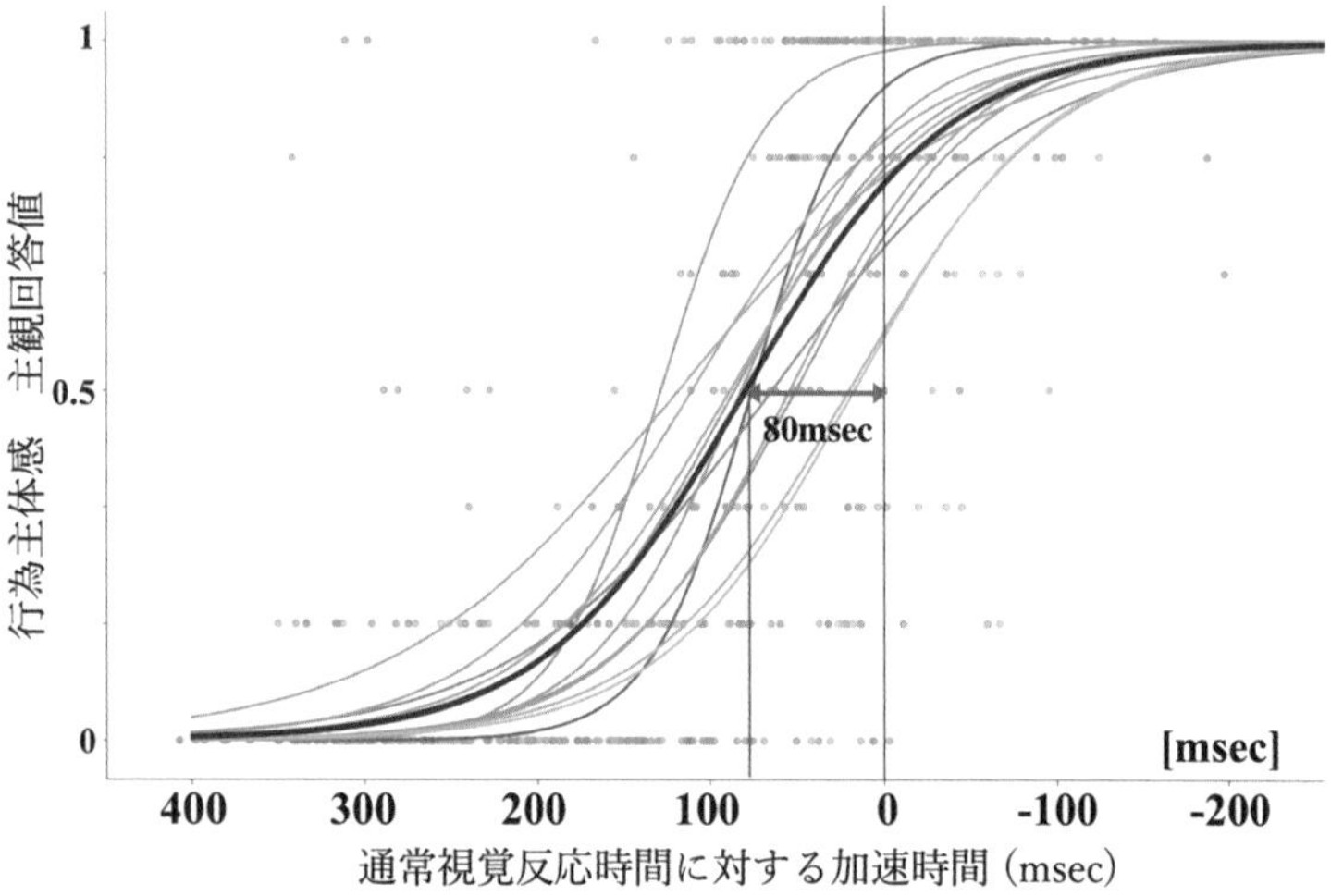

Fig 6　随意運動よりも早く腕を駆動させた時の行為主体感を被験者に評価してもらった結果。「自分が行なっていない」は 0、「自分が行なった」は 1 として、確信度を答えてもらった

この結果は2つの側面で興味深いと考えています。1つ目は、これまでのユーザーインタフェースの研究においては行為に対するフィードバックの時間遅延と行為主体感の関係が明らかにされてきたのに対し、前述の結果は自らの身体が自分の意思に先行して駆動される場合でも主体感を感じる時間幅がありうることを示唆しているのです。

これは、人間―機械融合系において人の反応速度を超えた行動が惹起されたとしても、行為主体感を保持できる人間―機械の統合的行為の設計へつながると考えています。今後人間の意図を高精度に予測でき、かつ身体の動きを外的にアシストして駆動させたとしても、人がアシストの存在に気がつかず、自らが達成した運動行為であると知覚するような運動機能補助を実現できる可能性があるわけです。

２つ目は、電気刺激で大幅に前倒しした動作に対しても、行為主体感を主張する人がいたことです。前述のペン落としのデモンストレーションで、明らかに２００ms以上も早く身体を駆動させている場合でも「自分がつかんだ」という参加者がいたのです。例えば、電気刺激なしでは反応時間が４００msほどだった参加者が電気刺激による身体駆動で反応時間１２０msまで加速しても自分がつかんだと報告した場合、加速時間は２８０msとなります。主体感を保持できると我々が計測した、先述の80msと大きく乖離しています。

これは、ペンつかみの実験のゲーム性や、つかめるという明確な成功状態の経験など、より体験の文脈的な効果が作用したと考えています。複数あると見られる行為主体感の発生機序のうち、認知的発生モデルを適応できる可能性があります。実際、行為主体感の発生モデルとして、脳内の運動の予測プロセスが利用できる情報が乏しい場合や情報の信頼性が低い場合には、代理性の認知的推論も影響を及ぼす可能性があることが報告されています。例えばD. M. Wegnerは認知的に行為主体感が成立するための３つの条件を、排他性（他に行為者がいない）、事前性（行為に対する思考や計画が事前性にある）、一貫性（事前に計画された運動との一致）としてまとめています。[20] このことから、

*20 Wegner, Daniel M. The illusion of conscious will. MIT press, 2002.

単純な運動感覚だけでなく行為の文脈も適切に設計することで、先行して身体を駆動する場合の主体感を、より堅牢に生み出す応用へつながると期待しています。

人間—機械融合系における失敗と成功の感覚帰属

前述のペン落としタスクでは、視覚刺激が得られた後の行動が決まっていました。つまり、ペンが落ちてきたらつかむ、ボールが飛んできたらシャッターを押す、画面のマークが出たらタッチ、といった単純反応でした。しかし、現実の行動ははるかに複雑で、人は環境の情報を知覚し判断して体を動かします。そして行為の結果は成功だけでなく、失敗ともなりえます。では先述の身体の先行駆動を、成功・失敗がありえるアクションへ適用した場合にはどうなるのでしょうか。

このような人間—機械融合系の身体駆動システムにおいて人間の行為の結果が正解・不正解になる場合と、機械によって駆動された行為が正解・不正解になる場合の関係を調べるために、ストループ(Stroop)干渉を利用した認知負荷の高いタスクを使って実験しました。[*21] ストループ干渉とは、例えば言葉の意味と文字の色のように同時に目にする2つの情報が整合しないときに生じます。「赤」という漢字が、青色の文字で書かれているような場合です。脳内でこれらの情報が干渉し、結果として回答を間違えたり、回答時間が長くなったりします。

実験では、「青色の文字を選択してください」や「『赤』という文字を選択してください」と指示を出してから、画面の左右に「（赤色で）青（青色で）赤」のようにストループ干渉が発生する情報を提示し、被験者に左右のどちらかの手でできるだけ早く正解をタッチしてもらいます。被験者の左右両方の腕には独立した筋電気刺激装置（ＥＭＳ）を取り付けてあり、被験者が回答するよりも早い／遅いタイミングで手を駆動できるようにしてあります。電気刺激による駆動は、正解をタッチするときと、意図的に不正解をタッチする場合の両方があります。いわば、人間と機械が1つの自らの身体を共有して動かす状態になるため、被験者自らが正解・不正解する場合と、機械が正解・不正解を引き起こす場合が混在して発生するのです。このような状況で実験を行い、被験者が報告した行為の主体感と行為の結果の関係を解析したのです。

この実験では2つの興味深い結果が得られました。まず、被験者が動かした手と機械が動かした手が一致しない場合には、タスクの正解・不正解にかかわらず、単純に人間の行動と機械の駆動のどちらが早かったかで主体感の有無が明確に分かれました。被験者の行動が早ければ自分、機械が早ければ自分ではないと判断されます。

一方で機械と人間の動かした手が一致した場合には、機械による駆動が早い場合でも主体感が残る

＊21 Successful Outcomes in a Stroop Test Modulate the Sense of Agency When the Human Response and the Preemptive Response Actuated by Electrical Muscle Stimulation are Aligned. VSS 2020. Poster. Daisuke Tajima, Jun Nishida, Pedro Lopes, Shunichi Kasahara.

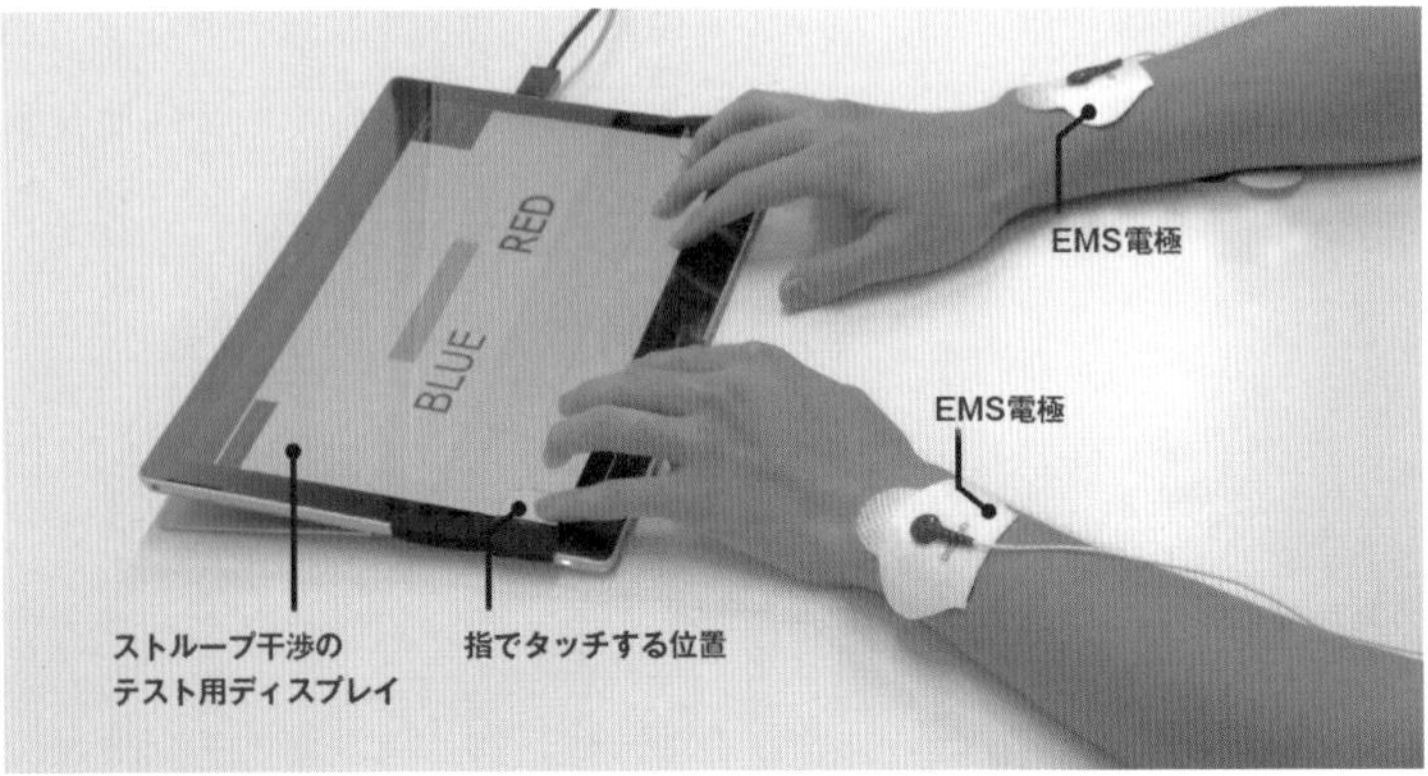

Fig 7　ストループ干渉の実験の様子。被験者の左右の腕には、それぞれ独立に筋電気刺激装置（EMS）の電極を取り付けた

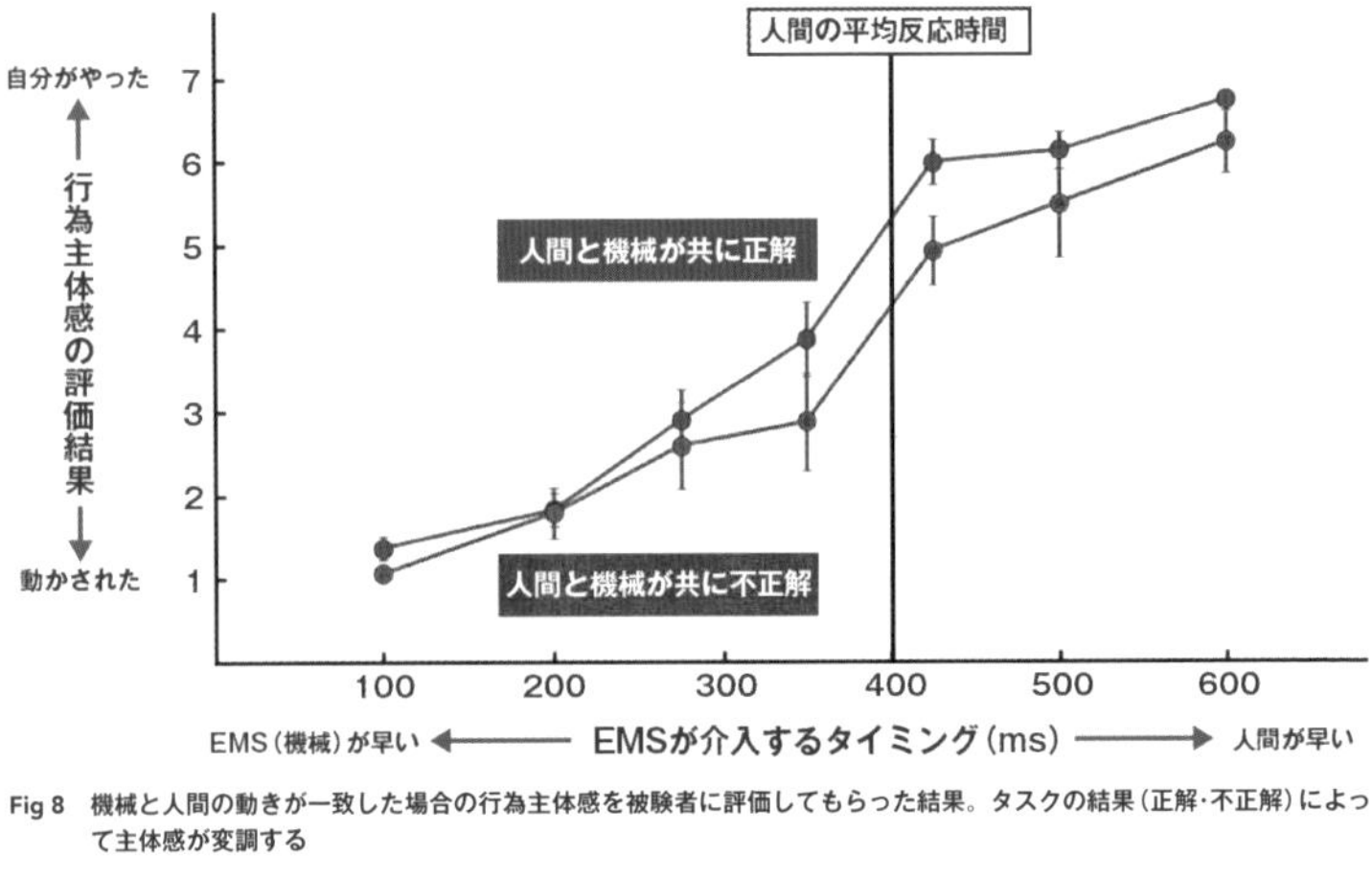

Fig 8　機械と人間の動きが一致した場合の行為主体感を被験者に評価してもらった結果。タスクの結果（正解·不正解）によって主体感が変調する

だけではなく、結果が正解か不正解かによって、主体感が変調したのです。結果が「OK・正解」と表示された場合は、「NG・不正解」と表示されるよりも主体感が高く報告されたのです。いわば「成功したら自分のおかげ」「失敗したら機械のせい」ということです。

この結果は、運動課題において外部からアシストされた場合、うまくいった運動の方が主体感が高くなる[*22]という、高次の認知情報が行為主体感に影響を与える研究報告と整合性があります。こうした行為主体感の生成モデルにはいまだ多くの議論があり、様々なモデルが提案されています。前述の認知的推論と感覚信号による行為主体感の生成機序を統一的に説明するモデルとしては、M. S. Synfzikらの2段階モデル[*23]があります。身体運動と感覚信号の比較によって生成されるフィーリングとしての行為主体感（feeling of agency）と、高次の認知情報を用いて、事後的・回顧的に生成される判断としての行為主体感（judgemt of agency）の2段階で主体感が生成されるとしています。

この説に前記の結果を照らし合わせると、人間が自ら動かした手と機械（EMS）が動かした手が一致しない場合には、運動指令と体性感覚フィードバックのズレ（自らは右を動かそうとしていたのに、左が動いた）は明らかなエラーとして受け止められ、行為主体感は生じません。一方、人と機械

*22 Wen, Wen, Atsushi Yamashita, and Hajime Asama. "The sense of agency during continuous action: performence is more important than action-feedback association." PloS one 10.4 (2015): e0125226.
*23 Synofzik, Matthis, Gottfried Vosgerau, and Albert Newen. "Beyond the comparator model: a multifactorial two-step account of agency." Consciousness and cognition 17.1 (2008): 219-239.

の動かす手が一致していた場合には、運動指令と体性感覚フィードバックに整合性があるため、行為主体感は運動の後に得られる結果（正解・不正解）に影響を受けたと解釈できます。この結果から、人間と機械が協調して人間の身体を駆動させる、人間―機械の融合系を考えた場合、その行為に対する主体感は機械と人間の運動整合性が担保されるのであれば、結果によって変調しうることを示しています。

主体感を損なわず、勝敗を調停する

前述したように、人間の行動に対して個人の行為主体感を損なわずに無自覚的なコンピュータのアシストが可能ならば、人の間の様々なやり取りをコンピュータでアシストする応用も想定できます。その1つの事例が「The Tight Game（2020）」という、綱引きを題材にしたプロジェクトです。[*24]

個々の力と結果の関係や、行為主体感という観点から見て、実は綱引きは面白い題材です。参加人数が増えるほど自分の力がどのくらい勝敗に貢献しているかは不明瞭になりますが、「手応え」や綱の位置変化から、ゲームへの寄与を感じることはできます。一見単純な力比べのスポーツに思えるものの、複数の人が協調するアクションであるがゆえに、行為と結果の間に曖昧さがあるのです。

この単純でありながら興味深い綱引きに、コンピュータが制御する力を参加者に気づかれないように介入させてみました。使用するのは普通の綱引き用の綱で、対戦する双方のプレイヤーが持つ部分のみ金属製のハンドルにしてあります。ハンドルの両端に荷重センサを配置し、プレイヤーがどのくらいの強さで引いているのかを計測する仕組みです。そして、綱の両端それぞれに見えないように高出力のトルクモーターを設置しておき、双方のプレイヤーの力の入れ方によって、それぞれのモーターの出力をコントロールするのです。いわば、力をアシストする（Force Assistance）綱引き装置です。

ここで、単純に力をアシストしたり、アシストの方向を変化させるとプレイヤーはすぐに気づいてしまいます。そこで、計測した各プレイヤーの引き力の強さと変化のタイミングを考慮に入れて、アシストの力とその変化速度をコントロールするのです。すると、プレイヤーはモーターによる力のアシストの存在や、アシストの方向の変換に気がつかなくなります。

この非明示的な力の介入方法を応用することで、第三者が綱引きの勝敗に介入することさえ可能になります。綱引きに参加していない第三者がタブレット端末の画面上のユーザーインタフェースでゲームの勝敗をリアルタイムに指定します。すると、システムは上述のタイミングや変化率を考慮して両側のプレイヤーに加える力の補助率を非明示的に調整し、その結果指定した通りの勝敗になって

*24 Azumi Maekawa, Shunichi Kasahara, Hiroto Saito, Daisuke Uriu, Ganesh Gowrishankar, and Masahiko Inami. “he Tight Game: Implicit Force Intervention in Inter-personal Physical Interactions on Playing Tug of War” ACM SIGGRAPH 2020 Emerging Technologies.

Fig 9　The Tight Game の様子。綱引きにおける対人インタラクションへの無自覚的な力学介入システム

Fig 10　第三者がタブレット端末の画面上のユーザーインタフェースで、ゲームの勝敗をリアルタイムに指定できる

しまうのです。それでもプレイヤー自身は介入の存在に気がつかず、負けた人は悔しがり、勝った人は素直に喜びます。

もしも、彼らがシステムの介入に気が付いたならば、結果をもたらした主体はプレイヤーではなくシステムに帰せられ、「システムが介入したからだ」と主張したでしょう。システムの介入がプレイヤーたちに気づかれない存在であったからこそ、プレイヤー自身は行為主体感を持ち、勝利の喜びもや負けた悔しさも生じるわけです。それを見ている観戦者もまた、同じであることは想像に難くありません。つまり、この綱引きのシステムは、双方の行為主体感を損ねることなくインタラクションを調停する、人間―機械融合系のシステムといえます。

人間―機械融合系における無自覚的・暗黙的な制御

本稿で紹介した複数の研究は、人間の身体帰属や行為主体感の柔軟性に着目し、それらに対する無自覚的な介入や制御に注目しました。ここで無自覚的・暗黙的（Implicit）な制御を基軸に置いている背景には、これまでのヒューマン―コンピュータ・インタラクションにおいては、明示的（Explicit）で顕在意識上での相互作用に重点が置かれてきたことがあります。このような意識上での相互作用では、システム全体で実現できる能力や性能が、人間の注意や認知リソースに律速されてしまうと考えました。

人間とコンピュータが融合的に行為主体者となるヒューマン―コンピュータ・インテグレーション（人間―機械融合系）では、多様な心と身体（mind-body）の組み合わせが緊密かつ即時的に相互作用することが求められます。遠隔ロボットや仮想アバター、第三の腕や他者の身体の利用、自らの身体を機械に駆動させる、1つの身体を複数人を共有するなど、幅広い構成が想定されます。このように人間と機械が多様な形式で融合的に行為主体者となる場合には、人間が意識することなく、人間―機械の主体の切り替えや分割・合成が実現されるべきであると考えています。

過剰な情報の提示に対して、かつてM. Weiserは意識上のリソースを割かないコンピュータと人間のインタラクション形式としてCalm Technology[*25]を提唱しました。必要以上に人の注意を引き、強い主張を押し付ける情報は、人の仕事や生活を台無しにしてしまうからです。無意識のうちに情報を処理できる人の能力をうまく活用することで、この問題を避けることができます。これと同様に、人間の身体帰属や行為主体感の柔軟性を工学的に活用することで、人間と機械の融合状態を無自覚的・暗黙的に制御することが、ヒューマン―コンピュータ・インテグレーションにおける人間と機械の相互作用の実施形式になるのではないでしょうか。

自在化身体プロジェクトを通して、そうした人間の柔軟性を最大限に引き出し、自己と他者、自動（automatic）と手動（manual）、機械の知性と人間の知性、自分の身体と他者の身体や機械の身体やアバター、それぞれの間の遷移が自在であり、かつ遷移を人間が意識しないヒューマン―コンピュータ・インテグレーションの究極の実施形態を探って行きたいと考えています。

---

*25 Weiser, Mark, and John Seely Brown. "Designing calm technology." PowerGrid Journal 1.1 (1996): 75-85.

8

瓜生 大輔

情報的身体変工としての自在化技術

美的価値と社会的倫理観の醸成に向けて

Daisuke URIU

東京大学 先端科学技術研究センター 身体情報学分野 特任講師 博士(メディアデザイン学)

JST ERATO稲見自在化身体プロジェクト 研究総括補佐

「今日は少しだけアイラインをしっかり目に。あ、まだ時間余裕あるから、アイプチしちゃおうかな。服は、この前買ったあのスカートにしよう。いつもより少し高めのヒールと合わせて……」

彼女は、これから誰と会うのでしょうか。

装うという行為は、他者の存在があって初めて成り立ちます。訪問先で初対面の人に会うのか。意中の相手と食事に行くのか。いつもの職場でなじみの顔に会うだけなのか。その日誰に会うのか、見られるのかによってコーディネートは変わります。

私はふだん東京に暮らしていますが、以前、ニューヨークの市街や地下鉄の中で「装い方」の違いに驚かされたことがあります。メイクをしている人はほとんどおらず、服装もごくシンプルといった女性の姿が目につきました。[*1] 逆に男性は、スーツ姿が多い東京に比べると、ニューヨークのほうが多様な印象です。ファッションを左右するのはトレンドだけではなく、地域差も大きな要因となります。

衣服は「第二の皮膚」とも称され、身体を保護する機能的な道具としての側面があります。その一方で、現代社会においては、衣服や装飾品と身体が織りなすファッションは個々人のアイデンティティを規定する中核を担っています。むしろ身体こそがファッションの一部であるとも解釈できるほどです。[*2]

本稿ではこのような日常的なファッションコーディネートから、電子チップを体内に埋め込む最先端の手法に至るまで、多種多様な「身体変工」の事例を紹介しながら「情報的身体変工」の一手法として自在化技術を解釈してみます。

身体を直に加工する「物理的身体変工」行為は、身体加工や身体変工などと呼ばれます。少数民族の儀礼的変工や、現代における形成外科手術、美容整形などがこれに相当します。それに対し、自在化身体プロジェクトで扱う装着型身体パーツなどで身体を一時的に「変工」したり、バーチャル世界内で物理的身体と異なるアバターを介して活動したりすることなどを「情報的身体変工」と呼ぶこととします。

一見、全く別物に思える2つの変工様式ですが、自分自身が所有する身体イメージが変容するという点では共通しています。以下では、これらの身体が「変容」している状態が他者からどう見られるか、社会からどのように受容されるかを考えてみたいと思います。自在化した身体や自在化状態にある人は果たして美しいのか、社会から倫理的に受け入れられるのか。そのような疑問を投げかけながら、自在化身体の美学・倫理について検討するきっかけをつくるのが本稿の狙いです。

＊1　現代ニューヨークのファッションのトレンドと同様に解釈するのは乱暴だが、中世において、欧米では化粧は「自然の美しさではない」と否定された歴史があるのに対し、日本では薄化粧が奨励されたとの報告がある。[川添裕子『美容整形と〈普通のわたし〉』青弓社（2013）p55]

＊2　井上雅人『ファッションの哲学』ミネルヴァ書房（2019）p91-92

身体を変工する人間

持って生まれた身体を改変する術は、社会にあまねく行き渡っています。少数民族における通過儀礼など、故意に身体を傷つけたり、変形させたりする「身体変工」の事例は世界中に存在します。[*3] タトゥーやプチ整形といった簡易な変工は世界的にも広く認知されており、今日ではファッションの一部といっても過言ではありません。

しかし、その社会的受容や倫理観は様々です。美容整形はもはや当たり前と考える人もいれば、毎日化粧をするのさえ大袈裟と思う人もいます。時代や社会・文化によって身体変工についての価値観はバラバラです。日本では「容姿は改善したいが身体にメスは入れたくない」という意見が多数派のようです。今日、日本の美容整形の8割以上が、身体にメスを入れない（外科的な変工・加工手法を用いない）通称「プチ整形」に当たります。[*4]

様々な態度の背景には、身体変工の歴史とそれぞれの集団の価値観があります。美容整形の技術の起源は古く、紀元前1500年頃にはインドで（刑罰により）切断された鼻を再建する手術が行われていたといわれます。現代的な形成外科は、第一次世界大戦を契機として戦場で失われた身体部位の「再生」技術としてノウハウが蓄積され、やがて美容目的の整形技術が市民権を得るようになりました。[*5]

日本では、戦後まもなく十仁病院が中心となり日本美容医学研究会が設立されたのですが、当初は身体再建を中心とする形成外科と、美容（容姿・外見の変工）目的の美容外科の棲み分けが顕著でした。１９９８年に至ってようやく、（それまで美容整形に距離を置いてきた）国立大学病院では初めて東京大学病院が美容外科を正式に標榜します。その後も、業界および社会における地位は時代に合わせて変化してきました。[＊6]

美容整形は若年層を中心にニーズが高まっている一方で、日本社会においては依然として賛否両論が存在します。[＊7] ところが、２０１８年の統計によれば日本の美容整形件数はアメリカ、ブラジルに次ぐ世界３位です。[＊8] 統計的には、あるいは諸外国との比較から見れば「日本は美容整形に対して肯定的な国」なのです。ちなみに、しばしば整形大国と称される韓国は人口あたりの件数が世界１位[＊9]であり、

＊3 バーナード・ルドフスキー『みっともない人体』鹿島出版会（1979）、吉岡郁夫『身体の文化人類学―身体変工と食人』雄山閣出版（1989）、川添（2013）

＊4 ISAPS: International Society of Aesthetic Plastic Surgery 統計（2018）https://www.isaps.org/wp-content/uploads/2018/11/2017-Global-Survey-Press-Release-Demand-for-Cosmetic-Surgery-Procedures-Around-The-World-Continues-To-Skyrocket_2_RW_ja.pdf)

＊5 川添（2013）p90-92

＊6 川添（2013）p97-103

＊7 東京イセアクリニック（医療法人社団心紲会）「【整形したら周囲へ…】8割「言える」（男性82.0% 女性77.4%）／《16～69歳の男女９００名に聞く!》「美容整形」に関するアンケート調査結果」（PR TIMES 2019/4/23）https://prtimes.jp/main/html/rd/p/000000016.000026711.html

＊8 ISAPS（2018）

＊9 ２００９年の統計による。［川添（2013）p24］

社会全体からの受容度という点においては、やはり日本を超えています。

美容整形現場への文化人類学的調査を行った川添裕子は、美容整形を行うかどうかあるいは整形そのものへの価値観の持ちようは周囲の人からの影響が大きいと指摘しました。例えば「母・祖母・姉妹などが整形を行っており、父からも整形するなら早いほうがよいと勧められた」と語る10代半ばの女性の例は、ある個人が生きる小社会における価値観に従う様を象徴します。

他方、韓国では社会全体が美容整形について積極的であり、親しい者同士で勧め合ったり整形の結果を評価し合う風土があります。日本においても、統計的には依然として賛否両論ありますが、家族や友人などの小コミュニティ単位での価値観は多様になってきているといえそうです。[*10]

独自の価値観に根ざした身体変工は、時として極端な形態を取り得ます。西アフリカのブルキナファソでは、顔や腹などに瘢痕《はんこん》文身（身体の表面を人為的に傷つける習俗）を行う習慣があります。瘢痕は社会的地位を表したり、民族のシンボルであったり、通過儀礼としての意味を持ち、今日でもこの地域では当たり前の文化であるとみなされます。[*11] 私たち日本人も神道的な自然崇拝や、『古事記』や『日本書紀』に登場する伝説にもとづく世界観、民俗的風習や伝統と共存しながら今日を生きていますが、このような身体部位そのものに傷をつける行為については「野蛮」「非人道的」「痛々しい」と感じる人が多いのではないでしょうか。[*12]

実は、ブルキナファソでも西洋社会を中心とするグローバル化が進み、外国の人からの目を気にするなどの理由から「自分の子供には瘢痕文身は行いたくない」と考える人が増えているそうです。[*13] 身体変工に関する価値観・倫理観は社会・文化圏ごとに異なる一方で、他文化・地域からの影響、世界的なイデオロギーの強弱によっても変化します。

衣服・装飾品を身にまとう。身体そのものを変工する。いずれの手法を取るにしても、組み合わせるにしても、そこには他人から美しく見られたいという根源的な願望があります。実は瘢痕文身が当たり前の地域の中には性的な魅力を高める目的や、結婚するための条件として行われる事例も確認されているほどです。[*14]

身体の美しさ、美しい容姿の定義は社会・文化・コミュニティに依存します。八頭身のスタイルが広く好まれる「文化」もあれば、纏足《てんそく》で足を小さくした女性が美しいと考えていた地域もあります。このように固有の美の基準に沿って、人工的に美しさを作り出す試みは、一部の少数民族だけに限った話ではありません。

＊10 川添（2013）p12-44、p134-144
＊11 川添（2013）p57-66
＊12 瘢痕文身はアフリカの大部分、オーストラリアおよびタスマニア島原住民な、ニューギニア、メラネシア、アンダマン諸島などで行われている、あるいは行われていたとされる。[吉岡（1989）p6-9]
＊13 川添（2013）p69
＊14 吉岡（1989）p9

作られた「美しい」女性像

近代から現代にかけて、女性の体型の美しさは「グローバル化」しました。ないしは、画一的なイメージが世界各国に伝播したといえるかもしれません。現在のグローバルな美の基準は西洋社会に起源を求めることができます。その歴史に目を向けると、実は「美しい」女性像とは人工的に作り上げられたものであることがわかります。

人種・民族によって顔の作りはバラバラですが、ファッション誌の表紙を飾るような「痩せ型でウエストが締まった体型」のイメージは現代社会にも残っています。遅くとも中世ヨーロッパにはその美的「世界標準」があったようです。その証拠として、人工的に「女性らしいスタイル」を生み出すために開発されたコルセット[*15]の存在があります。

成長期からウエストを締め付け、体型を強制的に補正するコルセットは、社会的に認知された美しさを人工的に造成する装具でした。コルセットが出現したのは13世紀半ば頃といわれ、18世紀フランスのルイ14世統治下においてコルセットとハイヒールの流行がピークに達しました。

コルセットは骨格を強制的に変工するのみならず、内蔵にも悪影響を及ぼし、胃や呼吸器の病気を引き起こしていたといわれます。宗教家や医師たちはコルセットの害悪を説き、使用を止めるよう呼びかけましたが、ほとんど効果がなかったようです。これは、見た目を補正する装具であると同時に、女性が性暴力から身を守る「防具」として貴族階級を中心に認知されていたからとの解釈があります。[*16]「美しい」女性像を演出するための装具も、社会の変遷とともに移り変わりました。ファッションと身体の関係性について多角的な洞察を与える井上雅人は、コルセットブームの後、19世紀後半に世界的に流行したクリノリンドレス（＝コルセットに比べて格段に動きやすい構造を持つ）が、女性の社会進出に応じた、労働にも従事する女性のための衣服であったと主張しています。[*17]

井上は、米国南北戦争前後の社会を描いた映画『風と共に去りぬ』の主人公スカーレットが、戦前はガチガチのコルセットで身を固めて悠々自適に暮らしていたのに対し、戦後はクリノリンドレスを装用して労働に繰り出す姿を例に挙げます。すなわち、「働かない」上流階級の装具だったコルセットから、庶民階級、労働階級にも広く普及したクリノリンドレスへの移行は、女性の見た目、容姿のみならず、生活スタイルに関する価値観・審美眼の変化をも象徴しているのです。

＊15　今日腰痛などの治療に用いるものとは全く異なる。強い力で腹部を締め付ける構造になっており、鋼鉄製のものも存在した。［吉岡（1989）p29］

＊16　吉岡（1989）p28-36

＊17　井上雅人「ファッションと人間解放の神話—自由な身体に閉じ込められた自我と、その表出」『身体化するメディア／メディア化する身体』風塵社（2018）p170

グローバル化の影に隠れた地域差

しかし、欧米から発信される身体の美しさは、世界中すべてから受け入れられているわけではありません。解剖学者・文化人類学者の吉岡郁夫は、アフリカやアラブでは痩せた女性は「貧相で格好が悪い」と考えられ、意識的に肥満体型を造成する慣習が存在すると指摘しました。[*18]

ナイル河上流地域における脂肪分の高い食事を与えられ肥りすぎて手足が自由に使えない少女や、南ヌビア（エジプトからスーダンにかけての地域）でも「嫁入り前」の40日間、穀物のひき割りや肉の入った山羊の乳を強制的に飲まさせられる事例などが報告されています。ハワイ、タヒチ、ニューアイルランドなどのオセアニアでも肥満女性が養われ、ヒンドゥーでも「若い象のように歩く肥った花嫁」が讃美されるといわれます。

今日、これらの地域にも西洋的な価値観が徐々に浸透している可能性は否めませんが、身体あるいは身体像の美しさは、地域や文化圏内に共有されているイメージに確実に左右されます。また、繰り返し指摘したように、美しい身体イメージを実現するために人工的手法を駆使する試みは、現代あるいは特定の地域で始まったことではなく、ある種、人々が持つ普遍的な願望に応える行動といえそうです。

グローバリズムの文脈の中では、ファッションに限らず、西洋的な美的感覚の世界的優位性が根強いことは事実です。文化人類学の研究では、長らく、少数民族が生み出す「芸術のようなもの」は生活感にあふれた「工芸品」にしかすぎず、西洋的な美的感覚で培われてきた「本物の芸術」とは区別されるべきだという意見が大勢を占めました。これは、西洋主導の植民地支配の時代に「未開」の民族を解き明かすことを大義名分に発達した人類学の歴史とも関係しています。

しかし、20世紀後半から21世紀初頭にかけて、エドマンド・リーチやフランツ・ボアズといった複数の研究者たちが、独自の歴史を持つ諸地域のモノを、西洋的な美的感覚に基づいた「芸術」という限定的な領域に閉じこめて理解することの不適当さを指摘しました。[*19] 世界各国の民族芸術を高く評価した岡本太郎は、自身がテーマ展示プロデューサーを務めた1970年の大阪万博において世界中の神像や仮面などを蒐集して陳列しました。いわば西洋的一義的な美的感覚を全否定する視座は、万博の遺産である「太陽の塔」をはじめ、人々から愛される突出した個性を持つ作品を生み出しました。[*20]

身体の美学と倫理

美しさの価値観は文化や社会に強く規定される一方で、最終的な判断を下すのは個人です。個人の

*18 吉岡（1989）p27
*19 渡辺文「モノと芸術」『文化人類学の思考法』世界思想社（2019）p72-83
*20 平野暁臣『万博入門―新世代万博への道』小学館（2019）

内面では美をどのように捉えているのでしょうか。

美学（aesthetics）は主に芸術作品の理解について扱う学問領域ですが、人間および身体の美しさとは何かを理解する助けにもなります。美学者の今道友信は、芸術の理解にはカントのいう悟性（科学的、客観的、分析・測定的な知性）と理性（神、世界、人間などといった抽象的な概念について創造的に思弁する知性）の両立が不可欠であると説きました。作品の作られた歴史的背景や様式・構成といった事実など、知識に基づく悟性的分析だけでは芸術の理解には不十分であり、理性を伴った解釈（鑑賞者の人生経験、社会的価値観、作品が描く世界観などが一体化した状態での作品との「対話」）が合わさってはじめて芸術の理解が成立するという主張です。[*21]

身体の美しさでいうならば、身長や体重、体型、肌の色など、悟性的な尺度には地域や文化圏、コミュニティー、ジェンダーなどによって一定の基準があります。一般的には、社会におけるマジョリティー（多数派）や影響力の強い者がその基準作成を担っています。

一方、最終的に対象が美しいか否かといった解釈は、個々人に蓄積されたイメージや経験から醸成された理性に委ねられると考えられます。ここでの理性は、生まれ育った環境やこれまでに出会ってきた人からの影響にも依存します。マスメディアを介して発信される「美しい身体イメージ」像からの影響も大きく、また近年はソーシャルメディアを通じたパーソナルな発信が権力を持つこともしばしばです。

人間の身体に関する美的感覚は、個人と社会における理性・悟性的な基準が複雑に絡み合いながら更新されていきますが、「美しくなる方法」についてはこれらに加えて倫理的な価値観も関与します。幼少期からコルセットを巻いて、強制的にウエストをくびれさせることは、現代社会においては、非倫理的であるとみなされます。ethics（社会的規範、倫理）もまた、aestheticsと同様、ある社会の中における価値観や個人の主観や経験にも依存しながら変化しているのです。

いま一度、（美的感覚と倫理観に関する文化差が顕著に現れる）美容整形を例に、美しさと倫理の関係を考えてみましょう。美容整形率が世界一高い韓国では、男女問わず容姿の差が就職や結婚などに影響し、社会的・経済的格差にもつながるとの考えが根強くあります。ある調査では10~30代の7割以上が容姿によるストレスを感じており、社会に初めて出る25~29歳の6割がすでに整形手術を経験していると回答しました。そして、日本では周囲から容姿について指摘されたり、整形を勧められるケースはごく稀であるのに対し、韓国では家族や友達から「鼻を直せば顔全体のバランスがよくなる」などといった、他人の容姿について具体的な意見を言い合い、また整形を勧め、整形の結果についてもオープンに議論し合う「文化」があるのです。

また、日本の美容整形体験者は欠点を補正して「普通」になりたいことが動機であり、整形後は周

*21　今道友信『美について』講談社現代新書（1973）p36-54

囲から気づかれないことを心配する傾向が強い一方、韓国では「自信をつける」「きれいになる」「魅力的になる」ためといった、はっきりした変化を求め、周囲との競争意識も見え隠れします。「周囲に秘密にするのは正直ではない」と考える傾向も顕著です。[*22]

美容整形＝現代社会における物理的身体変工

ではなぜ、美容整形という手法は倫理的な是非が問われるのでしょうか。その大きな特徴として、美容整形はいわば物理的身体変工の一種であり、基本的にはもとに戻すことはできないことが挙げられます。美容整形は「変幻自在」ではないのです。整形に「失敗」して裁判沙汰になることもありますが、結果に満足している場合でも「飽きたので元に戻す」とか「明日すぐに別の顔に変更する」わけにはいきません。

これとは対照的に、（化学的な肌への影響はあるとはいえ）化粧は物理的な身体変工を伴わずに、身体を美しく見せる手法です。また古代から続く（少なくとも日本においては）伝統的かつ広く社会に受容された概念でもあります。

化粧は自在に改変可能である。この事実が社会にもたらす意味は、単に「どのような化粧をした顔が美しいか」とか「いかに本物より盛ってインスタ映えさせるか」といった表面的な話ではありません。化粧の仕方によって毎日の顔の印象を変えたり、まったく化粧をせずに一日中、家にこもって誰にも会わない、といった可変性・自在性があるのです。

おそらく、多くの日本人は男女性別問わず、この自在性を倫理的にも受け入れています。化粧によってドレスアップすることや、他者から見た印象を「操作」する姿勢そのものを美しいと感じているのではないでしょうか。むしろ、日本社会においては出勤時にまったく化粧をしてこない女性を良しとしない、ある種、男性目線の偏った企業文化があることもまた事実です。これは、化粧の自在性を美しいと感じるのではなく、化粧をしないで出勤することを美しくない（非倫理的だ）と解釈する風潮であるともいえるでしょう。

Human-Computer Integration＝新たな身体変工技術

今日、身体変工の技術は新たな局面を迎えています。身体部位に何らかの電気的・機械的機能や極小のコンピュータを埋め込む手法の登場によるものです。すでに半世紀以上の歴史を持つ人間・コンピュータ間の相互作用（Human-Computer Interaction：ＨＣＩ）に関する研究領域になぞらえて、Human-Computer Integration（ＨＩｎｔ）などと呼称されます。

広義のＨＩｎｔには（物理的な身体変工を伴わない）ウェアラブルデバイスなども含まれるものの、

＊22　川添（20˙3）p12-44、123-165。谷本奈穂『美容整形と化粧の社会学［新装版］—プラスティックな身体』新曜社（2019）p224-235。

何らかの装置を皮下や体内に直接埋め込んだり、摂取したりする手法などが代表的です。すでに家畜の個体識別のためには広く使われているＲＦＩＤタグを体内に埋め込む事例や、体内に埋め込まれた様々なセンサー・アクチュエーターと通信する技術などが報告されています。

ＨＩｎｔは、埋め込むもの自体は電子的な機能を持ちますが、形成外科が行う身体再生や美容整形などと同じく、物理的身体変工の未来のアプローチの１つとして定義できます。しかし、現状の事例は研究段階のものがほとんどであり、美容整形がもたらしているような社会的影響、社会倫理的・美的感覚的受容について考察できる段階にはありません。

F. F. Muellerらが HCIの国際会議「CHI2020」で発表した〝Next Steps for Human-Computer Integration〟と題した論文[*23]では、ＨＩｎｔに関わる技術が、今後、社会に受容されていくためには「透明性」の担保が重要と述べています。すなわち、体内の情報を取得したり何らかの作用を発生させる異物を体内に取り込むにあたり、どのような仕組みで、何が起こるのかが明示されており、かつ使用者が理解可能な状態が求められるという主張です。

しかし、ＨＩｎｔの社会・倫理的な受容可能性は「技術の透明性」のみで担保できるのでしょうか。美容整形技術が世界中に伝播した一方で、その社会・文化的受容についてては地域差があることは本稿で説明したとおりです。ＨＩｎｔもまた、実際に商品・サービスとして社会に普及した場合は賛否両論が交わされるのではないでしょうか。ファッションのトレンドの変化のごとく、短期間の間に価値観が右往左往するかもしれませんし、特定の地域において爆発的に普及し、その他の物理的身体変工手法と並ぶ、日常的な存在になる可能性もあります。

身体変工の一形態としての自在化技術

ここからは、「身体変工の一形態」としての「自在化技術」「自在化身体」について考えていきたいと思います。というのも、実は前述したMuellerらの論文には、ＨＩｎｔの手法の1つとして〝Metalimbs（メタリム）〟[*24]が取り上げられているのです。主体である人間と客体であるコンピュータ間の相互作用を検討するＨＣＩに対し、ＨＩｎｔは人間の（物理的身体の）一部になったコンピュータを扱う新しい研究領域です。このため、あたかも自分の第3、第4の手腕を獲得できるMetalimbsはＨＩｎｔの一種と解釈可能なのです。

しかし、本書の主役である自在化技術は、物理的な身体そのものには変工を加えない「情報的身体変工」であり、物理的身体変工とは一線を画すことに、その本質を見出したいところです。自在化技

---

*23 Florian Floyd Mueller et al. Next Steps for Human-Computer Integration. *CHI '20: Proceedings of the 2020 CHI Conference on Human Factors in Computing Systems* (2020). https://doi.org/10.1145/3313831.3376242

*24 MHD Yamen Saraiji et al. MetaArms: Body Remapping Using Feet-Controlled Artificial Arms. *UIST '18: Proceedings of the 31st Annual ACM Symposium on User Interface Software and Technology* (2018). https://doi.org/10.1145/3242587.3242665

術は、身体や環境を任意に変化できる状態、全自動でアシストしてくれる状態、あるいは両者の混ざり具合を自在に調整できる状態をもたらします。必ずしも物理的身体変工を除外するわけではありませんが、自在性・可変性を大きな特徴として持つ性質上、不可逆的な手術や変工手法はそぐいません。

目に見える身体の変化でいえば、自在化身体には着脱可能な装着型身体パーツによる身体「変工」や、物理身体の身代わりとなる可変可能なアバターを介したコミュニケーションがあります。これらのように、私たちが物理的に認識・知覚できる部分はフレキシブルに変更が利く一方で、それらを制御する情報層が高度で豊富な機能を持つのが情報的身体変工の特徴です。

美容整形は物理的身体変工手法の1つであると述べました。これに対して自在化技術は表層的身体変工手法である化粧に近いといえます。ここからはあくまでたとえ話ですが、情報的身体変工は多様な変化をプログラムできますし、即時に変更すること、元に戻すことが可能です。印刷されたポスターや看板よりもデジタルサイネージのほうが可変性能が高く、表現の幅も広がるように、情報的身体変工は表層的にも構造的にも変幻自在なのです。

身体に直接変工を加えないことは、社会倫理的な受容が議論される際に優位に働くと考えられますが、同時に新たな問題も発生します。たとえ生身の身体そのものには変化がないとしても、主観的な感覚として、また客観的に見て、身体の一部とみなされる場合の倫理観に関わるからです。

情報的身体変工に伴う社会的責任・倫理

ヒトが自身の身体に関する主観的な感覚を表す指標の1つに「身体所有感（Sense of Ownership）」があります。本書内でもたびたび登場する概念で、自分自身の身体部位を自分の所有物であると認識できている状態を指します。健常者であれば通常は無意識的に保持している感覚です。ところが、脳卒中などにより脳の特定の部位に損傷を起こした場合は、自分の身体が自分のものでないと感じ、かつ自分で自分の身体を制御できる感覚「運動主体感（Sense of Agency）」も失ってしまうことが知られています。

では、情報的身体変工によって獲得した「変工された身体」にも身体所有感は存在するのでしょうか。まだ研究途上ではあるものの、実際に試したことがある人間の直観としては存在するといってよさそうです。装着型ロボットアームを自分自身の脚で操作できるMetalimbsを体験していると、不思議なことに初めは自分の（本物の）手腕の動きが止まってしまい、まるでロボットの手腕が自分の手であるような感覚を覚えます。無論、慣れれば生身の手腕も「復活」し、4本の手腕を自在に使いこなせるようになります。これは、Metalimbsを自分の身体の一部として受け入れている、あるいは受け入れつつある状態といえるでしょう。

あるいは、〝VR Chat〟など、3DCGを駆使して描かれたアバターを介したコミュニケーションにおいても身体所有感が得られることが報告されています。[*25] 人間には、情報世界における自己の存在を表象する「架空の身体」も自分の身体であると想像する能力が備わっているのでしょう。これも研究途上ではありますが、情報世界であれば、「複数の自分の身体」が同時に「存在」していても、すべて自分の所有物であると思える可能性があります。装着型ロボットアームに比べると、より情報的・仮想的な手法ですが、いずれも情報的身体変工の例です。

仮にこれらの情報的身体変工を施された人間が、何か問題や犯罪を起こしたと仮定しましょう。例えば、装着していたロボットアームが傷害事件を起こしてしまった、アバターを介したコミュニケーションで他人に不快な思いをさせてしまった、などのケースです。アバターを介したバーチャルコミュニケーションのさきがけであった〝Second Life〟では、ハラスメント防止の観点から成人向けサービスの専用区画が設けられていたように、仮想世界であっても問題・トラブルは十分に起こりえます。

情報的身体の誤動作・暴走

自分自身が「情報的身体を自分の身体の一部であると認識している」のであれば、「新しい身体を手にした状態での行動」にも責任を感じられるでしょう。しかし、仮に何らかの不具合などにより、装着型身体やバーチャルアバターが誤動作・暴走した結果、問題が発生したとするならば、事態はより複雑になります。所有者は「誤動作」を主張したいのに、目撃者や被害者からすると、情報的身体変工を施された人間の責任を指摘したいケースも考えられます。現在の法律下においても、加害者の責任能力の有無が刑事裁判における審議事項の1つとなるように、今後、情報的身体変工についても何らかの倫理規定や法整備が必要になると考えられます。

　ここに自在状態、自在化技術が導入されると、さらにややこしいことになります。自分の意志で任意に装着型ロボットアームを操作できている状態（Metalimbs型）と、遠隔地にいる誰かが自分の情報的身体を操っている状態（Fusion[*26]型）、さらには何らかの人工知能的機能により全自動で動いている状態。この3パターンを任意に行き来できる「自在状態」の所有者がいる場合、他者から見たらどの状態にあるのか区別がつきません。あるいは、所有者自身もすべて自分の意志で動かしている（運動主体感がある）と思い込んでしまう可能性もあります。バーチャルアバターを介したコミュニケーションであっても、同様に区別がつかないばかりか、物理空間にある制約がないため、さらに扱いに困るかもしれません。

---

*25 Ryota Kondo et al. Illusory body ownership of an invisible body interpolated between virtual hands and feet via visual-motor synchronicity. *Scientic Report* 8, 7541 (2018). https://doi.org/10.1038/s41598-018-25951-2

*26 MHD Yamen Saraiji et al. Fusion: full body surrogacy for collaborative communication. *ACM SIGGRAPH 2018 Emerging Technologies* (2018). https://doi.org/10.1145/3214907.3214912

情報的身体変工の倫理的・美的価値観

情報的身体変工が社会に受け入れられるかどうかは物理的身体変工と同様に、倫理的な価値観や美的な価値観に大きく依存します。前述した通り、美容整形の例においては、韓国では自他共に判別可能な「改善」を求める傾向が強いのに対し、日本では「人並みに普通になりたい」けど「整形したことを周囲から気づかれたくない」といった文化的受容・解釈の差が見られます。情報的身体変工手法がほとんど社会に普及していない現在は、まだ具体的に展望できる段階ではありませんが、今後、このような地域ごとの受容差が生まれる可能性も考慮しなければならないでしょう。

少なくとも、物理的身体変工をともなうＨｌｎｔと情報的身体変工は、どこからが「物理的変工」なのかという議論も深まり、明確に区別されていくのではないでしょうか。日本では、メスを使わない「プチ整形」が社会的に受容されつつあるように、倫理観的境界が生まれていくはずです。そして、両者の受容の是非や法整備の観点から見ても、地域やコミュニティごとの差が色濃く出るのではないかと思います。

米国で発達した美容整形技術は、近代ヨーロッパ以降の物心二元論（デカルト）的世界観、すなわち「精神・心」と「物理的な身体」を切り離して考え、客体である自分の身体は任意に加工・変更することが許されるという哲学のもと発達しました。[*27] すべての自然現象を科学的手法（論理的、実験的、計測的手法）により解明しようとするデカルト主義に対し、19世紀後半に登場した現象学では科学的手法が取りこぼしてしまう現象も含めて包括的に人間および人間が織りなす社会活動を捉え直し、物心二元論を批判しました。[*28] 現代の神経科学・発達心理学などの発展により、精神と身体は一体である、あるいは緻密に接続されていることが科学的手法にもよっても解明されつつあります。[*29]

実は私達日本人あるいは日本社会に浸透している感覚は、このような西洋哲学の流れから解釈される身体観とはそもそも大きく異なっています。京都大学名誉教授の鎌田東二は主に東アジアを起点とする禅、瞑想、祈り、武術、舞台芸術・演技などを包括的に「心身変容技法」と呼び、それらの事例やメカニズムの解明に努めています。今日、企業内研修などでも取り入れられているマインドフルネスの技法が仏教の禅に由来することは有名ですが、禅は極限まで自分の心を無にし、物理的身体の囚われから解放され、結果的にリラックスした心身状態を手に入れる技法です。同じ仏教の派生系でも、密教の修行は禅とは真逆で、いわば密教が描く世界観である巨大な世界あるいは宇宙に自分の心身を同化させるようなイメージです。これは、極限まで身体動作を削ぎ落として演じる「能」の技法や、本来の自分とは異なる他人になりきる舞台演劇の技法などにも通じます。[*30]

＊27 川添（2013）p67-68
＊28 三宅陽一郎『人工知能のための哲学塾』ビー・エヌ・エヌ新社（2016）
＊29 アンディ・クラーク『現れる存在—脳と身体と世界の再統合』NTT出版（2012）
＊30 鎌田東二他『身心変容のワザ～技法と伝承—身体と心の状態を変容させる技法と伝承の諸相』サンガ（2018）、鎌田東二・ハナムラチカヒロ『ヒューマンスケールを超えて—わたし・聖地・地球』ぷねうま舎（2020）。

このような東洋思想に基づく身体変容技法に共通するのは、外見そのものには大きな変化は見られないものの、心身を「変容」させるための技法・修行法などにはすべて何らかの身体動作が伴うことです。本稿ではこれらの詳細については探究しませんが、アジアの構成員として情報的身体変工や自在化技術に携わる意義について言及して、本稿を締めくくりたいと思います。

自在化身体：東アジア生まれの情報的身体変工として

身体変工は、必ずしも物理的な身体を変更しなくても実現できることは本稿あるいは本書全体を通してもおわかりいただけたと思います。その一方で、情報的な身体変工であっても、その変化あるいは自在性（自在に変化できる状態）を伴った活動は私達の心・精神にも作用し続けることを常に留意しながら今後の研究を進めなくてはなりません。また、日本、そして東アジアの伝統でもある身体変容技法による「身体変工」はある種の社会的な美学であり、倫理観でもあります。これは必ずしも全世界共通のものはなく、様々な社会・文化的要因、歴史・経緯により異なってきます。その一方、禅から派生したマインドフルネスが世界的トレンドとなったように、局地的な美学・哲学がグローバルスタンダードになることもあるのです。

情報的身体変工そして自在化技術が社会・文化的に受容され、人々から愛される存在になるためには、その技術の背後にあるコンテキストを共有することを意識し、常に（研究者以外の）他者からどのように解釈されるかについての想像力を働かせながら、提案・発信し続ける必要があります。本稿で取り上げた事例たちは、これらを考慮するためのごくわずかな糸口に過ぎませんが、自在化身体・自在化技術の美学・倫理を考える起点として、さらなる研究を進めていきたいと思います。

MASAHIKO INAMI

おわりに

稲見昌彦

自在化身体プロジェクトの核を成す概念として、「行為主体感（Sense of Agency）」や「身体所有感（Sense of Body-Ownership）」があります。本文で触れたように、前者はロボットやアバターの行為を自分がしたものと感じられるかどうか、後者はこれらの身体を自分の身体と感じられるかどうかを意味する言葉です。2つの条件が満たされれば、人は肉体の外部にある存在でも、自分の一部を見なすことができます。

ここでちょっと視野を広げて、これらの概念をより広い目で捉え直してみましょう。身体に限らず「所有すること（Ownership）」、すなわち「私のもの」とは、そもそもどういう意味でしょうか。最近の消費動向と照らし合わせると、例えば「私のもの」とは「自分が使いたいときに使えるもの」という解釈が成り立ちます。こう考えれば、カーシェアなどのシェアリングサービスは所有の一種とみませます。情報技術を活用して適切にスケジューリングすることで、同じものを複数の人で所有することを、シェアリングと呼ぶわけです。

ここで主張したいのは、我々が手掛ける自在化身体プロジェクトは、世界で現在進行中の経済活動のダイナミズムと地続きであるということです。シェアリングエコノミーが大きなうねりとなって世の中を覆うとしたら、ロボットやアバターといった物理的に自分の外にある身体はもちろん、自分自身の肉体でさえ、時と場合に応じて他人とシェアすることが普通になるのかもしれません。

外部にある身体も自分の一部として所有し、行為に及ぶということは、間に介在する情報空間を通して、行動が常にデジタル化されることを意味します。プライバシーの問題をひとまず棚に上げて考えると、自在化身体があまねく行き渡れば、個人の行動すべてが、記録され見える化される世界が来るわけです。

このことがもたらすインパクトは計り知れません。1人ひとりの趣味嗜好のモデル化、個人や社会の行動パターンの解析など、多様な応用の可能性が開けます。経済活動の観点からすれば、家事や育児、介護といった、家庭に埋もれて報酬につながらない労働、いわゆる「シャドウワーク」[*1]にも光が当たります。その実態がかつてない規模で明らかになれば、人間の経済活動とは何か、その根本概念すら揺らぐかもしれません。

自在化身体を通した人の行動の理解が進めば、その先には人の行動を誘導する可能性が見えてきます。人に行動を強制（エンフォース）することは人権を踏みにじる行為ですが、例えばイベントに集まった群衆をスムーズに帰宅できるように導くなど、人々の行動を適切に変容させることは、社会に大きな利益をもたらす可能性があります。

実際、２０１７年のノーベル行動経済学賞を受賞したシカゴ大学のリチャード・セイラー教授は「ナッジ（nudge）」という概念を提唱し、人々を「軽くつつく（nudge）」手段を取ることで、経済的な選択を好ましい方向に変えられることを示しました。[*2] 例えば複数の選択肢を画面に表示するときに、選んで欲しいものがあらかじめ選ばれた状態（デフォルト）で見せるといった塩梅です。最近では環境省がコロナ対策にナッジを利用しようとしていますし、[*3] 身近な例では男性用小便器にハエの絵を描いておくと、利用者はそこを狙ってするようになるので汚れが減るといった効果が知られています。

自在化身体と情報通信技術を活用することで、人々の行動をより大規模かつ広範囲に変容することが可能になるはずです。もちろん、こうした応用は人々に恩恵をもたらすだけでなく、自らの意思に

*1 Ivan Illich, "SHDOW-WORK," Philosophical 26, 1980 (2), pp.7-46.

*2 The Committee for the Prize in Economic Sciences in Memory of Alfred Nobel, H. THALER: INTEGRATING ECONOMICS WITH PSYCHOLOGY, 9 Oct. 2017, https://www.nobelprize.org/uploads/2018/06/advanced-economicssciences2017.pdf

*3 日本版ナッジ・ユニット（BEST）について、http://www.env.go.jp/earth/ondanka/nudge.html

反した行動を取らされる可能性など、これまでありえなかった問題もはらんでいます。このような負の側面まで考慮して検討していくことも、自在化身体の研究の一環です。

これらのどれもが、自在化身体プロジェクトの帰結として見えてくる世界観です。ここで風呂敷をいくつも広げて見せたのは、私が考える大学の役割と関係しています。大学では浮世離れした研究をしていると思われがちですが、我々の究極の狙いは世の中をより良い方向へ変えていくことです。一歩引いた観点から自在化身体を位置付けることで、プロジェクトが影響する範囲の広さを見せたかったのです。

大学には直接世界を変える力はありません。企業と異なり、具体的な製品やサービスを通して世の中に関わっているわけではないからです。

しかし、大学は人々の世界の見方を変えることはできます。自在化身体プロジェクトから生まれる個々の成果はもちろん重要ですが、プロジェクトを通して人々の身体に対する見方を刷新することも、同じくらい大切な目標です。我々のビジョンに共感してもらえる仲間を増やし、それぞれの立場からビジョンの実現に取り組んでもらう。そうすれば、大学を起点に全く新しい社会を築くことも夢ではありません。

我々は世界で見ても独創的な取り組みをしていると自負しています。英語でいえば「original」な研究です。ただ、ある人と話しているときに、世間から離れて自分たちだけで研究しているうちは、

originalとは呼べないと指摘されました。

originalに付随する名詞にoriginがあります。起源や源流といった意味です。すなわち自分たちの研究が源流となり、太く長い本流、いくつもの支流が生まれて初めてoriginalを名乗るべきであると。本書で紹介した研究は、ほんの小さな泉にすぎませんが、その先には豊穣な大河が広がり、いずれ多くの製品やサービスを育んでいくと私は信じています。

本書の狙いの1つに、学生の読者を我々の味方につけることがありました。研究を手伝って欲しいのはもちろんですが、本書の内容をじっくり消化してもらった上で、新しいアイデアを生み出してほしいのです。自在化身体の使い方やそのコンテンツ、次なる研究テーマでさえ、我々に思いも寄らない選択肢があるはずです。蓄音器を発明したエジソンは、キラーアプリは遺言の録音などと考え、音楽の再生にはずっと反対していたそうです。[*4] 自在化身体のコンテンツとして、私は「超人スポーツ」[*5]を提唱していますが、若者の視点からはもっと別のコンテンツ、全く違う風景が見えるはずです。新しい文化の担い手は、いつも若い人だからです。

稲見自在化身体プロジェクトはまだ中間点を過ぎたばかりです。プロジェクトが終了する2022

---

*4　ジャレド・ダイアモンド、倉骨彰訳、『銃・病原菌・鉄（下）』草思社（2000）
*5　超人スポーツ協会、https://superhuman-sports.org

年度末までに、研究も社会もどこまで進むことができるのか。その時が来れば、改めてプロジェクトの成果とアップデートされた我々のビジョンを紹介するつもりです。訪れた未来で、またお会いしましょう。

2020年12月

稲見昌彦

執筆者紹介

稲見昌彦 ―― Masahiko INAMI

東京大学 総長補佐・先端科学技術研究センター 身体情報学分野 教授 博士(工学)
日本学術会議 連携会員
一般社団法人 超人スポーツ協会 代表理事
JST ERATO稲見自在化身体プロジェクト 研究総括

宮脇陽一 ―― Yoichi MIYAWAKI

電気通信大学大学院 情報理工学研究科 機械知能システム学専攻 教授 博士(工学)
電気通信大学 脳・医工学研究センター
JST さきがけ研究者
JST ERATO稲見自在化身体プロジェクト 研究員
Section on Functional Imaging Methods, Laboratory of Brain and Cognition, National Institute of Mental Health, National Institutes of Health

北崎充晃 ―― Michiteru KITAZAKI

豊橋技術科学大学 情報・知能工学系長 教授 博士(学術)
日本バーチャルリアリティ学会 拡張認知インタフェース調査研究委員会 委員長
日本心理学会 代議員，日本基礎心理学会 理事，日本バーチャルリアリティ学会 理事
JST ERATO稲見自在化身体プロジェクト 認知心理・行動理解グループ グループリーダー

G・ガネッシュ ―― G.Ganesh

フランス国立科学研究センター (CNRS) 主任研究員 博士(工学)
産業技術総合研究所(AIST)，ATR脳情報通信総合研究所 客員研究員
JST ERATO稲見自在化身体プロジェクト システム知能・神経機構グループグループリーダー

岩田浩康 | Hiroyasu IWATA

早稲田大学 理工学術院 学術院長補佐/創造理工学部 教務主任/総合機械工学科 教授 博士(工学)
早稲田大学グローバルロボットアカデミア研究所所長/フロンティア機械工学研究所 副所長 兼担
日本バイオフィードバック学会 理事，日本コンピュータ外科学会 評議員，バイオメカニズム学会 幹事
株式会社INOWA 取締役CTO，株式会社オムテック 取締役CTO，株式会社ROCK&LOTUS取締役CTO
JST ERATO稲見自在化身体プロジェクト 自在化身体構築グループ グループリーダー

笠原俊一 | Shunichi KASAHARA

株式会社ソニーコンピュータサイエンス研究所 リサーチャー
東京大学 先端科学技術研究センター 身体情報学分野 特任助教 博士(学際情報学)
JST ERATO稲見自在化身体プロジェクト 研究員

杉本麻樹 | Maki SUGIMOTO

慶應義塾大学 理工学部 情報工学科 教授 博士(工学)
JST ERATO稲見自在化身体プロジェクト バーチャル身体構築グループ グループリーダー

瓜生大輔 | Daisuke URIU

東京大学 先端科学技術研究センター 身体情報学分野 特任講師 博士(メディアデザイン学)
JST ERATO稲見自在化身体プロジェクト 研究総括補佐

自在化身体論

超感覚・超身体・変身・分身・合体が織りなす人類の未来

発　　行：2021年2月19日　第1版第1刷
　　　　　2021年7月1日　第1版第2刷

著　　者：稲見昌彦、北崎充晃、宮脇陽一、ゴウリシャンカー・ガネッシュ、岩田浩康、杉本麻樹、笠原俊一、瓜生大輔

発 行 者：吉田隆
発 行 所：株式会社エヌ・ティー・エス
〒102-0091
東京都千代田区北の丸公園2-1　科学技術館2階
TEL 03-5224-5410　FAX 03-5224-5427
http://www.nts-book.co.jp/
編集協力：今井拓司
装丁・デザイン：瓜生阿弥子
表紙撮影：小山和淳・藤本将也
表紙モデル：樺澤真悠子
製作総指揮：中川純希
印刷・製本：株式会社双文社印刷

ISBN978-4-86043-685-8